목사님 궁금합니다 2

바른 신앙을 위한 Q & A

김활 지음

목사님 궁금합니다 2

바른 신앙을 위한 Q & A

미래사CROSS

추천의 글

신앙생활을 하다 보면 많은 의문이 생기게 마련입니다. 하지만 '답정너'라는 말이 있듯 "답은 정해져 있어. 너는 대답만 하면 돼"라고 수많은 질문에 대해 당연한 것처럼 한 가지 답을 제시합니다.

"성경 보고 기도하고 인내하면 된다"는 말도 있습니다. 맞는 말이고 너무나도 당연하긴 하지만 가려운 곳을 시원하게 긁어주지는 않습니다. '어떻게'에 대해 시원한 답을 주지 않기 때문입니다다. 우리는 질문에 대해 부정적인 생각을 가지고 있는 것이 사실입니다. '이런 질문을 하면 싫어하지 않을까?', '이런 질문을 하면 믿음이 없어 보이지 않을까?', '모르면 그냥 따라가면 되지 않을까?'라는 생각에 질문을 망설이게 됩니다. 하지만 질문이 우리가 살아가는 데 필요한 나침반 역할을 하듯 우리의 신앙생활에서도 나침반이 되어 하나님을 향해 가는 길을 인도할 것입니다.

이 책은 '어떻게'에 대한 시원한 답을 품고 있습니다. 마치 친절한 선생님이 옆에 앉아 이야기해주듯 성도들의 고민과 고충을 이해하고 공감하고 배려해줍니다. 동시에 하나님 말씀, 성경이라는 프레임 안에서 벗어나지 않고 정말 궁금했지만 막상 묻지 못했던 질문에 대한 답을 통해 바르고 성경적인 길을 향해 갈 수 있게 도와줍니다.

비록 질문과 답변은 짧지만 내용과 울림이 깊고 길어서 성도들이 신앙생활을 하는 데 좋은 영향을 끼칠 것입니다. 우리의 신앙생활에 나침반이 되어 큰 유익을 주는 귀한 책을 기쁜 마음으로 강력히 추천합니다.

_ 김래원 목사(광주성도교회)

신앙생활을 하며 길을 잃은 것 같은 혼란에 빠졌을 때 '김활 목사의 기독교 바로 알기' 블로그를 알게 됐고, 그곳에 올라온 글을 읽으며 신앙적으로 잘못 알고 있는 부분을 교정해가는 시간이 있었습니다. 그 과정에서 목사님의 첫 번째 책 『목사님 궁금합니다』 1권을 만나게 되어 많은 도움을 받았습니다. 『목사님 궁금합니다』 2권도 역시 길을 잃고 방황하는 많은 그리스도인을 바른 길로 안내해주는 이정표와 같은 책이라 반갑기 그지없습니다.

신앙생활을 하면서 이단에 대한 유혹은 분별이 가능할지도 모릅니다. 하지만 '은혜'라는 큰 보자기 안에서 교회 안의 문제가 무엇인지도 모를 만큼 심각한 현실에서 목사님의 책은 인본주의, 기복주의와 은사주의를 분별할 수 있게 도움을 줍니다. 철저하게 일반신자들을 위한 책이어서 저처럼 책을 싫어하는 사람도 아주 쉽고 재미있게 읽을 수 있도록 질의와 응답으로 구성되었으며, 내용도 누구나 질문할 만한 궁금한 것들이어서 끝까지 무리 없이 읽힙니다.

목사님의 글 중 인상적인 부분은 "죄송합니다. 제가 대신 사과드립니다"라는 멘트입니다. 교회 생활이나 목사님께 상처받은 신자에게 하나님의 마음으로 대신 사과하며 용서와 사랑을 강조하는 부분에서 하나님의 마음이 읽혀져 개인적으로 감동하며 저를 돌아보는 계기도 되었습니다.

이 책은 어떤 유명한 목사님들의 책보다 더 명확하고 분명하게 기독교를 바로 알아가고, 기독교인으로서 어떻게 살아가고 무엇을 소망하며 살아야 하는지를 잘 안내해줍니다. 초신자, 신앙생활을 하며 여러 가지가 궁금한 분, 교회는 오래 다녔어도 하나님을 제대로 알지 못하는 분에게 추천합니다. 심지어 불신자들에게도 하나님을 소개하기에 좋은 책이어서 전도용으로도 추천합니다. 이 책을 읽는 독자들이 하나님을 바로 알게 되기를 바라고, 실제 삶에서도 변화가 일어나기를 간절히 바랍니다.

_ 유선숙 집사(하늘품은교회)

요즘은 참으로 영적 혼란의 시대라는 것을 절감합니다. 인터넷과 유튜브 등에 광범위하게 퍼져 있는 극단적인 세대주의 종말론과 관련된 별의별 황당한 주장들이 난무하는 시대입니다. 그러므로 성경 말씀에 대한 깊은 이해와 정통기독교 신학에 대한 전문 지식이 부족한 사람은 무엇이 옳은지 판단하기가 참으로 어렵고, 혼란스러운 시대임에 분명합니다. 이런 상황이기 때문에 교회 안에서 수십 년 신앙생활을 한 오래된 기독교 신자들도 옳고 그름을 판단하기 쉽지 않은 문제가 많습니다. 또한 교회 안에서 신앙생활을 하는 과정에서 겪는 갈등이나 고민 등을 끌어안고 있는 사람들이 적지 않은데, 누가 이런 분들의 고민을 들어주고 자상하게 조언해주며 가이드 역할을 해줄 수 있을까요?

이런 점에서 김활 목사님의 사역은 참으로 귀하고 소중하다고 생각합니다. 블로그 사역을 통해서 영적으로 혼란한 시대에 마치 이정표를 제시하듯 무엇이 옳고 그른지 정통기독교 신학의 관점에서 분별해주십니다. 게다가 신앙생활 속에서 겪는 여러 가지 자질구레한 일들까지 풍부한 경험과 식견으로 상담자의 마음을 어루만지며 상담해주시는 글들이 이렇게 책으로 묶인 것을 보니 참으로 반갑기 이를 데 없습니다.

『목사님 궁금합니다』 2권은 다루는 주제가 참으로 다양하고 포괄적이며 종합적입니다. 그럼에도 불구하고 평신도가 신앙생활을 하면서 부딪치게 되는 지극히 현실적이고 피부에 와 닿는 문제를 뽑아서 다루고 있다는 점이 가장 큰 미덕입니다. 수십 년 동안 신앙생활을 한 평신도라 해도 전문적이고 체계적인 신학 공부를 한 것이 아니기 때문에 한계가 있을 수밖에 없지요. 그런 점에서 목사님의 답변 글들을 읽다 보면 정통기독교 신학과 교리에 대한 지식을 얻을 수 있고, 이단 사이비를 분별할 수 있는 안목이 생기는 것은 덤입니다. 목사님의 상담 글은 말씀의 깊은 깨달음을 기초로 해서 어느 쪽으로도 편향되지 않고 균형 잡힌 시각에서 명확하게 방향성을 제시해주십니다. 이런 점이 목사님의 글에 신뢰감을 더해주는 것 같습니다. 목사님이 성도의 고민에 대해 적어놓으신 답변을 읽다 보면 마음속으로 감탄할 때가 많습니다.

이 책이 제가 몸담고 있는 교회뿐만 아니라 한국의 많은 교회와 성도님들에게도 널리 읽혀져 신앙생활, 교회 생활에 많은 유익이 되었으면 참 좋겠습니다.

_ 윤영훈 집사(예수사랑교회)

한국 교회는 그동안 세계가 놀랄 만한 양적 성장을 경험했으나 그에 반해 올바른 성경 지식을 갖춘 성도들은 그리 많지 않은 것이 현실입니다. 지금까지의 수많은 책들은 저자의 신관, 교리, 주장 등을 일방적으로 전하는 방식이 주를 이뤘습니다. 자고 나면 쏟아지는 책의 홍수 속에서 옥석을 가려 신앙 서적을 선택하기가 쉽지만은 않았습니다. 그러다 보니 성도들의 신앙 갈증을 해소시키기에는 역부족이었던 게 사실입니다.

이 책은 양방향 소통 방식인 문답 형식으로 정리했다는 점이 특징이며, 평신도를 위한 책이라는 점에서 의미가 큽니다. 목사님께서는 평소에 꾸준히 블로그를 운영해오셨습니다. 그러다 보니 누구보다 신앙생활의 올바른 지침과 성경 해석에 대한 평신도의 궁금증을 잘 이해하셨던 것 같습니다. 이 책을 통해 그동안 품고 있던 궁금증이 단숨에 해소되리라 확신합니다.

세상이 어지럽고 혼란합니다. 많은 교회와 거짓 교사들이 전파하는 철학과 인본주의 사상과 종교 심리학에 오염되어 있습니다. 바른 신앙과 참믿음을 찾아보기 힘든 이 시대에 이 책을 자신의 신앙을 점검하고 올바른 신앙으로 나아가는 좌표로 삼기를 바랍니다. 그리하면 하나님의 섭리를 더욱더 잘 이해하고 순종하게 될 것입니다. 서슴없이 이 책을 추천합니다.

_ 이경의 집사(새문안교회)

김활 목사님을 세 번 만났고, 세 번 놀랐습니다. 첫 만남은 제가 봉사하는 청소년 단체의 행사에 특강을 요청하고 그 문제를 의논하기 위한 자리였습니다. 목사님답지 않은(이런 기준이라는 게 있을 리 없습니다만, 제가 관념적으로 그려오던 이미지에 의존해온 탓일 것입니다) 큰 체격과 털털한 모습이 인상적이었습니다. 엔지니어링 부문 회사의 베테랑 같다는 느낌이 들었습니다. 일상생활 속의 선배님, 가까이 사는 삼촌 같은 친근함과 일상의 향기가 느껴졌습니다.

두 번째로 저를 놀라게 한 점은 말의 속도가 무척 빠르다는 것이었습니다. 첫 만남이 약 네 시간쯤 이어졌는데 그야말로 속사포의 향연이었습니다(저도 말이 빠릅니다. 하하~). 말씀을 나누다 보니 단순한 어투의 습관이 아니었습니다. 머릿속에, 가슴속에 전하고 싶고 나누고 싶은 우리 기독교와 예수님 이야기는 너무 많고 주어진 시간은 너무 부족했기 때문입니다.

매일매일을 촘촘하게 살고 계셨습니다. 촘촘하게 기도하고, 촘촘하게 공부하고, 촘촘하게 글을 쓰고, 촘촘하게 나누는 삶을 살고 계셨습니다. 말이 빠르지 않은 것이 오히려 이상하지요. 목사님을 뵈며 문득 8대의 컴퓨터를 이용해 각각의 주제로 글을 쓰셨다는 이어령 선생님의 이야기가 떠올랐습니다. 저는 말만 빠릅니다. 하하~.

세 번째는 무척 젊고 유연한 마인드를 지닌 분이라는 것이었습니다. 특강을 "할아버지 강사라서 미안합니다"라는 말씀으로 시작했는데, 그 내용의 흡입력은 물론 비유와 통찰의 언어가 내뿜는 생동감은 여느 젊은 목회자, 강사들의 그것을 훌쩍 뛰어넘었습니다. 사연 상담을 하는 시간에 보여주신 따뜻한 공감과 지혜의 모습은 왜 김활 목사님의 블로그에 그렇게 많은 이들이 사랑과 존경을 보내는지를 생생하게 증명해주었습니다.

『목사님 궁금합니다』라는 직관적인 제목의 이 책에는 김활 목사님의 이런 모습이 그대로 담겨 있습니다. 세상과 유리되어 고압적이거나 교만하게 가르치려하고, 자신의 인식과 지식에 조금의 의문도 품지 않은 채 '나는 선택받은 자, 나는 기름 부음 받은 자' 하는 '셀프 고매 경건' 자영업자 목사님 부류의 새끼손톱만 한 그림자도 어른거리지 않습니다. 한 발쯤 앞장서서 어둑어둑한 발길을 짚어주는 자상한 선배, 오빠, 아저씨, 할아버지 같은 김활 목사님 특유의 섬세함이 넘칩니다. 올바른 신앙의 길이 어디에 있는지 함께 찾아보려는 김활 목사님의 열심이 넘칩니다. 방황하는 이웃을 부축해서 길을 안내하려는 목사님의 안타까운 마음이 넘칩니다.

과학은 '어떻게'를 구하고 신앙은 '왜'에 대한 답을 구하는 길이라고 합니다. 상당히 많은 기독교인이 그 숭고한 경지의 초입에 제대로 발을 내디디기도 전에 "그래서?", "그런데?", "어쩌라고?" 하는 자조 섞인 질문을 대하곤 합니다. 어쩌면 이 책을 펼친 당신도 그런 이들 중 한 사람일지도 모릅니다.

다섯 개의 챕터, 육십 가지 내용의 Q&A 형식으로 구성된 이 책을 아무 페이지나 펼치고 읽어 내려가십시오. 질문과 궁금증이 이어질 것이고, 곧 그 답을 찾아가는 길이 보일 것입니다. 어느새 마지막 페이지를 덮고 '기도를 드려야겠다'거나 '이번 주일에는 바른 자세로 예배를 드려야겠다'거나 나지막이 "아버지…" 하며 생각을 다듬는 스스로의 모습을 발견하실 수도 있을 것입니다. 그렇게 되시기를 바랍니다.

_ 이석주 안수집사(남석교회)

저는 3대째 예수를 믿는 집안에서 자란 모태신앙이지만, 늘 성경과 기독교 신앙에 대해 많은 질문을 가슴에 품고 살아왔습니다. 목사님과 예닮교회에서 평신도로 신앙생활을 함께하던 시절에도 목사님이나 저나 여전히 많은 의문을 가지고 나름대로 씨름하며 지냈던 것 같습니다. 그 뒤 목사님은 신학대학원 공부를 마치고 지금은 블로그를 통한 신앙 상담 사역에 온전히 집중하시면서 늘 제게 많은 깨달음을 주고 또 함께 은혜를 나누고 있습니다.

재작년에 그동안의 상담 활동을 모아 첫 책을 내셨을 때 정말 기뻤습니다. 이 시대에 얼마나 많은 사람이 참된 신앙, 살아 있는 진리에 목말라하고 있는지요? 정말 그 갈급함을 시원하게 풀어주는 하나님의 귀한 선물이었습니다. 이번에 나온 두 번째 책도 똑같은 은혜와 감동을 줍니다. 이 책들은 목사님이 블로그 활동을 하며 실제로 나눈 상담 내용들이어서 특히 마음에 와 닿습니다. 우리는 교회에서 목회 상담 외에 신앙의 본질에 대한 의문과 고민을 상담하기 어려운 문화에 속해 있는데, 그 가려운 곳을 속속들이 긁어줍니다. 특히 목사님은 같은 고민을 했던 자신의 경험을 토대로 따뜻하고 자상하게 설명해주기 때문에 많은 독자가 깊이 공감하고 실제적인 도움을 받으리라 봅니다.

목사님은 매우 성실한 상담자입니다. 늘 모든 주석책과 관련 신학서적을 참고해 최선의 답변을 주려고 노력합니다. 목사님은 겸손하고 정직한 상담자입니다. 우리의 무지를 인정하고 질문을 남겨두는 것이 오히려 하나님께 더 가까이 가는 길임을 곳곳에서 몸소 보여주십니다. 지금으로서는 최선을 다하지만 나중에 돌이켜볼 때 자신의 답변이 틀렸다고 생각되면 언제든 그 사실을 인정하고 수정할 자세가 되어 있는 분이라고 생각합니다. 무엇보다 하나님을 인격적으로 만나고 성령님의 도우심으로 우리 삶이 변화되는 것이 가장 중요하다는 점을 늘 깨닫게 해주셔서 감사합니다. 저는 이 책이 오늘 우리 시대에 꼭 필요한 최적의 신앙 상담서라고 믿습니다. 앞으로 기독교 교육 현장에서 필수적인 부교재로 사용될 날이 속히 오기를 기대하며 온 마음으로 추천합니다.

_ 장덕주 장로(예닮교회)

김활 목사님과는 정릉의 작은 카페에서 소중한 만남이 시작되었습니다. 목사님께서는 쉼의 장소로 그곳을 찾으셨습니다. 처음 뵈었을 때가 생각납니다. 접근하기 어려운 분위기(?)로 커피와 마주 앉아 계시던 모습이 생각납니다. 그런데 이렇게 귀한 사역을 하실 줄이야! 할렐루야~!

여러 번 방문하신 뒤에야 목사님이라는 신분을 말씀하셨습니다. 이야기를 나누다 보니 1970년대에 서울 시청 앞의 오래된 장로교회에 함께 출석했다는 사실을 알게 되었고, 옛날이라는 시간과 공간을 공유했다는 데 기뻤습니다. 지나간 시간 위에 지금은 훌륭한 목회자이자 상담자로 뵙게 되니 얼마나 기쁘고 감사한지 모릅니다.

언젠가 차를 한잔 대접해드리고 싶어 비용을 받지 않으려 하자 목사님께서는 이래서 한국 교회 목사들의 버릇이 나빠졌다며 굳이 찻값을 지불하셨던 기억이 납니다. 이런 모습을 보면서 참 올곧게 살아가시는 분이라고 생각했습니다. 카페에서 내담자와 상담하실 때는 전심으로 열과 성을 다하고 공감하시는 모습을 보면서 모든 에너지를 이 시간을 위해 준비하신다는 생각이 들었습니다. 이 모든 것의 열매가 이 책 지면의 활자로 태어났다고 생각합니다.

우리가 신앙생활을 하면서 궁금하고 묻고 싶었던 내용을 한 권의 책으로 묶어 내놓으시니 활용을 많이 해야겠다는 생각도 합니다. 부족한 저에게 추천의 글을 쓰게 하셔서 처음에는 좀 부담스러웠지만, 이것 또한 주님의 사역의 한 부분이라 생각하여 순종하는 마음으로 쓰게 되었습니다.

기도하던 중 요한복음 10장의 말씀이 생각나게 하셔서 목사님이 이 시대에 꼭 필요한 선한 목자이심을 알게 되었습니다. 이 책이 하나님에 대하여 어긋나고 비켜 있는 주님의 사람들에게 돌이킬 수 있는 기회가 되기를 간절히 바랍니다. 또한 이 시대를 살아가는 크리스천들에게 주님을 향한 올바른 방향성을 제시해주는 책, 하나님을 더욱 알 수 있게 해주는 책, 우리 모두에게 울림이 되는 책이 될 것을 기대하며 이 책을 추천합니다.

_ 편남영 장로(미와십자가교회)

"일 년에 몇 번이라도 주일을 끼고 부부 여행을 가십시오. 가족들과 가시는 여행이라면 주일을 포함해서 가셔도 됩니다." 교회 설립 초기부터 지금까지 교인들과 공유하고 있는 목회 철학입니다. 가신 곳에서 예배하면 됩니다. 예배 장소보다는 하나님께 예배 시간을 드리는 것이 중요하기 때문입니다. 일산디바인교회에서는 임직을 받는 분들이 다른 교회의 주일 예배에 참여해 예배 방법을 배우는 것을 원칙으로 합니다. 내 교회(주님이 보실 때 모든 교회가 다 주님의 교회 아닙니까?) 안에 갇힌 성도들로 인도하고 싶지 않았습니다. 주님이 주신 완전한 자유로부터 우리 스스로 도피한다면 스스로 굴레를 쓰는 것입니다. 김활 목사님의 책은 스스로 또는 억지로 쓴 굴레를 벗겨내시는 때수건과 같습니다.

『목사님 궁금합니다』라는 책 제목처럼 저도 궁금합니다. 이렇게 쉽게 성도들이 읽고 알 수 있게 만든 책이 말입니다. 성도님들의 궁금함과 목사님의 연구 결과물이 담긴 이 책이 나가야 할 길 말입니다. 주님을 모르고는 신앙이, 믿음이 없습니다. 무엇을 알았든 어떤 것을 알았든 듣고 알았기에 우리는 주 예수 그리스도를 신앙합니다. 신앙생활의 다양한 궁금증이 계속해서 출판되기를 소망해 봅니다. 길을 찾지 못하거나 혼란스러운 성도들에게 좋은 안내서가 있다는 것은 기쁨 중의 기쁨입니다.

우리의 앎은 반드시 필요합니다. 궁금함이 앎으로 끝나지 않기를 바랍니다. 궁금함이 그저 아는 것으로 끝난다면 또다시 알아야 하는 일이 더 깊어질 수 있기 때문입니다. 우리 삶의 현장에는 아는 것으로 해결되지 않는 일들이 구멍처럼 곳곳에 널려 있습니다. 앎이 은혜보다 앞서지 않기를 바랍니다. 앎이 또 다른 잣대로 작동하지 않기를 바랍니다. "이것이 정답이네"가 되지 않기를…….

균형 있는 김활 목사님의 답을 통해서 궁금함이 앎으로, 앎이 이웃과 형제를 위한 것으로 주를 위한 것으로 나갈 수 있을지 "저도 궁금합니다". 그 많은 궁금증을 푼 여러분들의 몫이며 교회의 몫일 것입니다. 목사님의 책은 그곳으로 우리 기독교인들이 나아갈 때 바른 길을 안내하고 있습니다. 이 책을 통해 주님에게로 나가게 될 것을 믿으며 추천합니다.

_ 허헌 대표목사(일산디바인교회)

차례

추천의 글   04
추천 서문   18

Chapter 01 신앙 상담

① 교회에는 부자만 갈 수 있나요?   24
② 기독교가 불교를 베꼈다는데 사실인가요?   28
③ 기독교는 배타적이고 믿음만 강조해서 싫어요   33
④ 낙원과 천국은 다른 곳인가요?   39
⑤ 남편이 갑자기 신학교에 간다고 해요   42
⑥ 뉴에이지 음악을 하고 싶어요   49
⑦ 대적기도와 선포기도를 해도 되나요?   53
⑧ 병을 고치는 신유은사는 특별계시인가요?   57
⑨ 복음성가(CCM)를 예배 중에 사용해도 되나요?   61
⑩ 선교사가 되면 다른 종교를 이해해야 하나요?   65
⑪ 성령훼방죄로 자살할 것 같아요   69
⑫ 아이들이 교회에 가면 졸거나 잡니다   73
⑬ 예쁜 친구 아내를 보고 죄책감을 느껴요   77
⑭ 조상이 지은 죗값을 후대가 치러야 하나요?   81

Chapter 02 교회 상담

- 01 교회에서 임직의 권면을 거절할 수 있나요? ... 86
- 02 구역장이 구역모임에서 군림하려고 듭니다 ... 90
- 03 목사님께 실수를 했다고 교회에서 쫓겨났어요 ... 94
- 04 목사님이 무당처럼 성경 말씀을 해석해요 ... 98
- 05 목사님이 직접 교회 재정 관리를 담당해도 되나요? ... 102
- 06 성령 하나님이 교회를 떠날 수 있나요? ... 105
- 07 성전을 건축할 때 교회를 옮기면 하나님이 저주하나요? ... 109
- 08 십일조를 드리고 목사님에게 충성해야 복을 받나요? ... 112
- 09 여러 교회를 돌아다녀도 다닐 만한 교회가 없어요 ... 116
- 10 장로님이 헌금을 많이 했다고 교회 부동산을 본인 것으로 주장해요 ... 119
- 11 코로나19 시대에 비대면 예배를 할 수 있나요? ... 123
- 12 코로나 시대에 꼭 교회에 갈 필요가 있나요? ... 126

Chapter 03 생활 상담

- 01 기독교 신자도 우울증에 걸리느냐고 비아냥거려요 ... 134
- 02 남의 것을 부러워하는 것도 욕심이라고 부르나요? ... 140
- 03 불신자 남편이 교회에 가는 걸 싫어해요 ... 144

④ 사주팔자가 불교를 믿는 것이 좋다고 합니다 — 150

⑤ 남편이 새벽기도회 참석을 반대합니다 — 154

⑥ 하나님은 왜 제 기도에 응답하시지 않나요? — 158

⑦ 신자가 죄를 짓는 것은 사탄 마귀 때문인가요? — 163

⑧ 의료사고로 고통당하고 있어요 — 167

⑨ 자녀를 양육하는 좋은 지침을 알려주세요 — 171

⑩ 첫사랑을 회복하고 싶어요 — 175

⑪ 아이들에게 화를 내고 때리기도 합니다 — 179

Chapter 04 성경 상담

① 목사님이 성경의 비밀을 알려준다고 합니다 — 186

② 설교에서 말하는 약속(언약)이란 무엇인가요? — 189

③ 성경과 비슷한 기록물이 신화나 설화에도 있어요 — 193

④ 성경에 3년 6개월이라는 구절이 있나요? — 198

⑤ 아담 전에 다른 사람들이 있었나요? — 200

⑥ 안수할 때 머리에 기름을 바르는 행위가 성경적인가요? — 204

⑦ 야곱은 치사하고 야비한데 어떻게 복을 받았나요? — 208

⑧ 천국과 지옥이 있다는 걸 증명할 수 있나요? — 211

⑨ 하나님은 질투의 신, 사람을 제물로 받나요? — 217

⓾ 하나님이 어떻게 후회하실 수 있나요? 222

⑪ 하나님은 언제 사람을 구원하기로 계획하셨나요? 226

Chapter 05 기도 상담

① 기도란 무엇인가요? 230

② 기도는 만사형통하는 열쇠인가요? 233

③ 기도하기 어려운데 왜 기도해야 하나요? 238

④ 기도하는 자세를 알고 싶어요 246

⑤ 기도하면 염려가 사라지나요? 249

⑥ 기도한 대로 응답하시지 않는 예가 있나요? 255

⑦ 대표 기도를 할 때 주의할 점이 무엇인가요? 261

⑧ 도고기도의 장점은 무엇이고, 주의해야 할 점이 있을까요? 266

⑨ 방언 기도를 못하면 구원이 없나요? 270

⑩ 서원기도를 하면 꼭 지켜야 하나요? 275

⑪ 정직한 기도는 어떻게 하나요? 278

⑫ 죽은 유아를 위한 기도가 죄인가요? 282

추천 서문

말씀의 회복, 진리의 복권을 위하여

한국 교회는 심각한 위기에 직면해 있다. 그 위기의 본질은 말씀의 침묵, 진리의 왜곡이다. 하나님의 말씀이 침묵하고 진리가 왜곡되니 인격과 삶의 타락이 심화된다. 교회 지도자들과 성도 모두 이 위기의 깊은 질곡에 빠져 있다.

이 영적 위기를 타개하고 혁파하는 지름길은 다름 아닌 말씀의 회복이고, 진리의 복권이다. 그런 의미에서 나는 김활 목사의 새로운 저서 『목사님 궁금합니다』를 모든 성도에게 적극적으로 추천한다. 이 책은 말씀과 진리에 대한 뼈저린 궁금증에 대해 열과 성을 다한 답변을 담고 있다. 김활 목사의 답변은 성경적일 뿐만 아니라 지혜롭다. 또한 질문자들에 대한 사랑과 연민, 긍휼과 관심으로 충만하다.

이 책은 전체 5부로 구성되어 있다. 1부 신앙 상담, 2부 교회 상담, 3부 생활 상담, 4부 성경 상담, 5부 기도 상담이다.

1부에서 눈에 띄는 부분은 기독교와 다른 종교의 관계에 대한 질문이다. 그리고 신사도주의와 은사운동과 관련된 질문이다. 우리는 기독교의 절대성과 유일성에 대해 확고한 태도를 견지하면서도 타종교인들에게 사랑으로 복음을 전해야 한다. 그리고 한국 교회를 여러 면에서 병들게 하는 신사도주의에 대한 성경적 분별력을 길러야 한다.

2부에서 눈에 띄는 부분은 성도들과 목회자들의 관계에 대한 질문이다. 일반적으로 한국 교회 성도들은 목회자들을 존경하고 따른다. 하지만 성도들의 존경과 순종을 받을 자격이 없는 목회자들이 많다는 사실에 눈을 뜨면서 성도들은 방황하고 혼란에 빠진다. 또한 교회 생활에서 헌금 문제는 여전히 많은 성도에게 혼돈과 부담과 짐이 되고 있다. 이런 부분에 대해서 성경적으로 정리하는 것의 중요성은 아무리 강조해도 지나치지 않다.

3부에서 주목할 만한 부분은 여자 성도들이 불신자 남편과의 관계에서 경험하는 어려움들이다. 한국 교회 성도의 70%가 여성이기 때문에 상당수의 여성도들이 불신자 남편과의 관계에서 갈등을 경험하고 있다. 동시에 자녀 교육 문제도 심각하다. 성경적인 자녀 교육의 원리가 바르게 정립되어야 한다.

4부에서 눈에 띄는 부분은 성경이 가르치는 바에 대한 질문과 하나님이 어떤 분이신가에 대한 질문이다. 사실 한국 교회는 그동안 교회 생활과 헌금 생활 등 종교 생활에 대한 교훈은 강조해왔지만, 정작 우리의 예배와 사랑과 신뢰의 대상이신 하나님이 어떤 분이신가에 대한 교훈은 무시해왔다. 이것은 신앙의 본질은 놓치고 형식만 붙드는 어리석은 모습이다. 한국 교회의 위기를 극복하기 위해서는 '하나님을 아는 지식'을 강조해야 한다.

5부에서는 기도에 대한 다양한 질문이 제기되었고, 또 성경적으로 적절한 답변이 제시되었다. 기도의 본질, 바른 기도 자세에 대한 귀한 답변으로 많은 성도가 유익을 얻을 것으로 생각한다.

전체적으로 이 책은 많은 성도가 궁금해할 만한 좋은 질문을 담고 있고, 성경에 부합하고 교리적으로도 적절한 지혜로운 답변을 제시하고 있다. 많은 성도가 이 책을 일독함으로써 놀라운 영적 유익을 얻을 것으로 믿으며, 적극 추천한다.

정성욱
덴버신학대학원 조직신학 교수,
『10시간 만에 끝내는 스피드 조직신학』 저자

Chapter 01

신앙 상담

01

교회에는 부자만 갈 수 있나요?

Q 중중장애인인 남편과 교회에 가면 재산 비교, 남편 비교, 자식들 과외 수준 비교 등을 하는 것이 세상과 다를 바가 없습니다. 가슴 아픈 점은 엄마를 따라간 교회에서 아이들이 돈 문제로 상처받아 하나님을 믿지 못하게 되었다는 것입니다. 하나님이 두렵기는 한가요? 예수님이 지금 이 세상에 계신다면 어떻게 하실까요?

A 죄송합니다. 제가 대신 죄송하다고, 잘못했다고 말씀드리면 안 될까요? 어제는 자매님처럼 교회에서 큰 고통과 상처를 받은 분들과 상담했습니다. 통화를 하고 나서 하루 종일 가슴이 답답하고 먹먹했습니다. 그런데 오늘도 이런 안타까운 이야기를 들으니 마음이 찢어질 것 같습니다. 쥐구멍이라도 있으면 들어가고 싶은 심정입니다. 목사 자격증을 가지고 있는 것이 이렇게 불편하고 창피할 수가 없습니다.

아픈 남편의 병 수발을 하고 일도 하면서 아이들을 키우느라 얼마나 수고하고 고생하셨는지요? 존경합니다. 아무나 그렇게 하지 못합니다. 저라면 도망을 가도 몇 번은 갔을 것입니다. 아이들이 교회에서 상처를 받았군요. 어느 정도 이해합니다. 올해 마흔인 제 큰아들은 아직 교회에 나가지 않습니다. 고등학교 때 부자 장로 아들에게 거지라는 말을 들은 뒤로 교회를 등지게 되었습니다.

현대 교회는 돈 없고 힘없는 사람을 위한 교회가 아니라는 데 어느 정도는 공감합니다. 건축할 때 수천억 원이 들었다는 휘황찬란한 교회당 건물을 보면 기가 팍 죽습니다. 가난하고 병든 사람들을 만지고 위로해주셨던 예수님도 이 부자 교회에는 들어가기 어렵겠다는 생각이 듭니다. 예수님이 그 교회당에 들어가려 할 때 쫓아내지나 않으면 다행이겠다 싶은 거죠.

이런 일이 지금만이 아니라 2천 년 전 교회에도 있었습니다. 사람을 차별해서 금은보화로 치장하고 비싼 옷을 입은 사람에게는 좋은 자리를 주었고, 가난하고 남루한 사람이 들어오면 어디에 앉든 말든 관심을 가지지 않았습니다(야고보서 2:1~4). 하지만 그런 교회에는 하나님이 함께하지 않을 가능성이 많다는 것을 기억하십시오.

에스겔서를 보면 하나님이 성전을 떠나시는 장면이 나옵니다(10:18). 과부와 고아와 나그네를 멸시하고 학대했던 성전에는 하나님도 머무르지 못하고 떠나가신다는 것입니다. 사도 야고보는 부자 교인들에게 자신들이 겪을 재난으로 인해 울고 통곡하라고 경고했습니다(야고보서 5:1~5). 하나님은 첫사랑을 잊어버린 에베소 교회에서 촛대(교회)를 옮긴다고 하셨습니다(요한계시록 2:4~5). 모두 무시무시한 경고입니다. 그 대상은 누구일까요? 굳이 말하지 않아도 충분히 짐작하실 것입니다. 누가복음 16장에 나오는 부자와 거지 나사로의 비유를 상고하시기 바랍니다.

아이들에게 힘과 용기를 주십시오. 가난은 죄도 아니고 잘못도 아니라고 말해주십시오. 돈이 없으면 불편한 것이 많지만 돈으로도 살 수 없는 것이 많다고 알려주십시오. 사랑, 우정, 기쁨, 감사, 건강, 용기, 소망 등은 돈이 아무리 많아도 살 수 없다고 말입니다. 또 돈은 중요하지만 어떻게 벌고 사용하느냐가 더 중요하다는 점도 알려주십시오. 하나님은 창기가 번 돈과 개처럼 번 돈을 역겨워하시며(신명기 23:18), 불의하게 모은 재물은 소용이 없고(잠언 10:2), 거저 얻는 재물도 쉽게 사라지며(잠언 13:11), 속여서 얻는 재물은 죽음을 구하는 것과 같다(잠언 21:6)고요.

가난하고 무식하고 못난 사람은 어디에서나 차별과 무시와 천대를 받을 수 있습니다. 반면 부자나 출세한 사람은 어디를 가나 후한 대접을 받습니다. 하지만 그들은 세상에서 누릴 것을 다 누렸으므로 천국에 들어가기가 어렵습니다. 아니, 천국에 가기가 싫을 것입니다. 이생보다는 현생이 더 좋으니까요. 또한 그들은 천국에 들어가더라도 사람에게 받을 것을 이미 다 받았으니 하나님께 받을 상급은 없을 것입니다.

어느 교회에서나 신자들의 대화를 들어보면 정치, 부동산, 골프, 건강, 음식, 배우자, 자식, 돈, 지식, 명예 등 대부분이 세상 이야기입니다. 그런 일시적이고 썩어 없어질 것들에 목숨을 걸고 이야기하는 사람을 보거든 그냥 빙그레 웃으십시오. 아직 철이 덜 든 아이들이라 생각하고 그냥 지나치시면 됩니다.

자녀 교육은 교회나 학교보다 가정에서 먼저 행해져야 합니다. 특히 신앙교육은 가정에서 먼저 이루어져야 합니다. 아이들이 교회에서 보내는 시간은 고작 한두 시간인데, 그것으로 어떻게 믿음이 성장하기를 기대하겠습니까? 아이들에게 알려주십시오. 하나님은 소외되고 아픈 사람들과 함께하신다는 것을. 하나님의 아들인 예수님도 가난했고 사생아라는 의심까지 받았다고.

아이들에게 희망과 용기를 주는 축복 기도를 해주십시오. 성경을 하루에 5분이라도 함께 읽고 기도하면서 아이의 머리를 쓰다듬고 칭찬해주십시오. 그럴 때 아이들은 더욱 건강하게 자랍니다. 하나님은 아이를 위해 흘리는 엄마의 눈물을 절대 잊지 않으십니다.

02
기독교가 불교를 베꼈다는데 사실인가요?

 예수님이 불교에서 가르침을 받고 성경이 불경을 베꼈다고 합니다. 불교와 기독교의 가르침이 비슷해서 가는 길은 달라도 목적지는 같다던데 사실인가요? 또 불교에 대해서 우상숭배라고 하는데 맞나요? 그리고 불교를 종교로 볼 수 있을까요?

A 궁금한 게 참 많으시군요. 자, 하나씩 살펴보겠습니다.

첫째, 예수님이 불교에서 가르침을 받고 성경이 불경을 베꼈을까요? 그 이야기를 들었을 때 얼마나 답답했을지 짐작이 갑니다. 상식적으로 말도 안 되는 이야기를 하는 불교인이나 안티기독교인이 있다는 것을 압니다. 성경은 주전 1,500년 전부터 주후 100년 동안 약 40명의 저자가 시공간을 달리해 기록했습니다. 이스라엘과 주변 국가의 각종 역사뿐만 아니라 시, 격언, 법률, 예언, 묵시 등 문학적이고 교훈적인 요소가 가미되어 있습니다.

불경이 기록된 장소는 인도이며, 저자도 다르고 내용도 성경과는 무척 상이합니다. 대부분의 종교가 도덕과 윤리적인 관점에서는 비슷한 점이 있듯이 서로 닮은 점도 있습니다. 이를테면 부모를 공경하라, 살인하지 말라, 간음하지 말라, 도적질하지 말라 같은 내용은 불경에도 있고 성경에도 나옵니다. 이런 도덕과 윤리는 건전한 종교라면 다 포함하고 있습니다.

불교는 약 2,500년의 역사를 지닌 종교이고 기독교는 최소 6,000년 이상 계속된 종교입니다. 최초 원시 불경은 석가모니가 사망하고 약 400~500년 후에 기록된 것으로 봅니다. 주전 100년경에서 주후 200년 사이죠. 반면 『구약』의 경우 주전 1,500년경에 기록되었는데, 『신약』은 불경보다 약간 뒤에 나왔을 가능성도 있습니다. 이렇게 불확실한 불경의 기록 시기를 오해하거나 무지한 불교인들이 예수님이 인도에 가서 불교를 배웠다는 허황된 말도 하고 성경이 불경을 베꼈다는 말도 하는 것입니다.

예수님의 인도 방문설을 입증하는 자료는 불경과 성경이 전혀 일치하지 않습니다. 성경은 이미 주전 몇천 년 전, 아니 몇만 년 전부터 예수님이 이 지구상에 오실 것이라고 예언하고 있습니다(창세기 3:15). 자세한 것은 졸저 『목사님 궁금합니다』에서 "성경이 불경을 복사하였거나 예수님이 인도로 불교를 배우러 갔나요?"를 읽어보시기 바랍니다.

둘째, 불교와 기독교의 가르침이 비슷해서 가는 길은 달라도 목적지는 같다던데 사실인가요?

도덕과 윤리와 관련해 대부분의 종교가 비슷한 점이 있듯이 서로 닮은 점이 있다고 말씀드렸습니다. 예컨대 부모를 공경하라, 살인하지 말라, 간음하지 말라, 도적질하지 말라는 내용 등은 건전한 종교라면 모두 포함되어 있습니다. 그래서 불경과 성경의 가르침도 일부 공통되는 내용이 있지만 그것은 1%도 안 될 것이라고 봅니다. 불교와 기독교의 가르침은 서로 매우 다릅니다. 기독교는 삼위일체 하나님을 통한 구원의 역사이고 불교는 자신의 수행으로 구원을 얻는 종교로서 완전히 다릅니다. 그러니 앞의 질문 또한 불교인들의 무지와 편견에서 나온 것입니다.

기독교의 목적지가 천국이라면 불교는 열반(해탈, 득도)입니다. 열반은 이 우주상에서 나의 존재가 사라지는 것입니다. 나의 영육이 하나님과 영원히 사는 기독교와 이 우주상에서 존재 자체가 사라지는 불교를 어찌 같다고 볼 수 있을까요? 사실 열반은 수행을 많이 한 스님들도 쉽게 이룰 수 없기 때문에 아라한(불제자들이 도달하는 최고의 위치) 정도나 다시 인간으로 환생하는 것이 목표라 할 수 있습니다. 그런데 어떻게 기독교와 불교의 목적지가 같다고 주장하는지 이해할 수 없습니다.

기독교는 예수님을 주인으로, 구세주로 고백하는 사람들은 누구나 천국에 들어갈 수 있다고 말합니다. 하지만 불교는 아무나 열반의 경지에 오르지 못하므로 극소수가 열반에 들어가거나 그 내용도 완전히 다릅니다. 기쁨과 행복의 천국, 우주에서 사라지는 열반 가운데 어느 쪽이 옳을까요?

셋째, 불교에 대해서 우상숭배라고 하는데 사실인가요?
하나님 이외의 것들을 더 사랑하고 좋아하여 극진하게 섬기면 우상숭배라고 합니다. 불교의 경우 부처를 우상으로 여기는 불자도 있고, 우상으로 섬기지는 않지만 닮아가야 할 위인으로 보는 불자도 있습니다. 불교는 칠성당이라고 해서 잡신도 섬기고 절하며, 또한 부처나 사찰을 보면서도 절하고 섬기는 사람들이 있어 우상이라고 합니다.

우상의 정의는 불교같이 어떤 불상에 절하는 것뿐만 아니라 하나님보다 어떤 것을 더 좋아하면 그것이 바로 우상입니다. 즉, 그것이 돈이라면 돈이 우상이고, 그것이 명예라면 명예가 우상입니다. 마찬가지로 권력, 자식, 학력, 미모, 건강 등도 우상이 됩니다. 요즘은 교회당을 성전이라고 해서 신성시하는 이들도 있는데, 이 또한 잘못입니다. 우상숭배의 범위가 이렇게 넓기 때문에 기독교인 가운데서도 우상을 섬기는 사람들이 많다고 할 수 있습니다.

넷째, 불교를 종교로 볼 수 있나요?
종교라고도 하고 철학이라고도 합니다. 그런데 종교면 어떻고 철학이면 어떤가요? 석가모니 부처를 우상으로 여기면 종교가 되고 부처를 우상으로 여기지 않고 자신이 선행, 고행이나 어떤 깨달음을 통해 이른바 득도(해탈, 열반 등)를 하면 철학이라 해도 될 것 같습니다. 이 세상에 있는 모든 종교와 기독교를 비교하더라도 분명 차이가 납니다. 기독교는 믿음으로 구원을 받는 종교지만, 불교를 포함한 모든 다른 종교는 자신의 선한 행위와 공로로 구원을 얻습니다. 그러니 방법의 시작부터 다르고 끝도 다르지요.

03

기독교는 배타적이고 믿음만 강조해서 싫어요

Q 천국과 지옥이 있다면 김정일과 김정은처럼 악한 사람들은 당연히 지옥에 가겠지요. 제가 기독교를 싫어하는 이유는 첫째로 불교나 천주교 같은 다른 종교를 무시하는 것, 둘째로 평생 약하고 어려운 사람에게 베풀며 사는 착한 사람도 예수를 부정하면 지옥행이라는 것, 셋째로 강간하고 살인을 저지른 악당들도 죽기 전에 교회 다니고 예수를 열심히 믿으면 천국에 간다는 것 등입니다.

A 예, 옳습니다. 그렇게 말씀하시는 것이 정당하고 정확한 표현입니다. 형제님의 생각과 주장에 공감합니다. 틀렸다고 말씀드리지 않겠습니다. 불교나 천주교나 힌두교 같은 종교는 형제님이 표현하신 것처럼 다른 종교를 믿거나 평생 베풀기만 하며 사는 사람들도 천당에 간다고 주장합니다. 다른 종교를 폄하하거나 쉽사리 비난하지 않는 경향이 있지요.

그런데 기독교인은 예수 천국, 불신 지옥이라고 단정해서 말합니다. 또 다른 종교를 비판하고 격하시킵니다. 왜 이런 차이를 보일까요? 이제 형제님이 간과하고 있는 것을 말씀드릴 테니 열린 마음으로 읽어보시기 바랍니다.

첫째, 불교나 천주교나 힌두교 같은 종교의 교리는 만인구원설을 주장합니다.

만인구원설이란 어느 누구든 선하고 모범적인 삶을 살면서 이웃을 돕고 사랑하면 죽어서 구원을 받아 천당에 간다는 이론입니다. 대표적으로 만인구원설을 주장하는 종교가 불교와 천주교입니다.

불교는 어느 나라에 교리와 사상을 전파할 때 그 나라의 종교나 풍속, 관습을 존중합니다. 그래서 불교가 우리나라에 전래된 고구려 소수림왕 때, 372년 이후 이차돈 외에는 순교자가 없었습니다. 다른 나라의 재래 종교나 풍습과 사상을 이해하고 인정하니 싸우거나 다투거나 투쟁할 이유가 없습니다. 불교라는 종교를 지키기 위해 순교할 이유가 없었던 것이지요. 불교는 자신이 부처가 되는 종교이므로 신(神)이 몇백만 명, 아니 몇억 명이 될 수도 있습니다. 그러니 다른 종교의 신이나 하나님을 비판할 까닭이 없습니다.

천주교도 비슷합니다. 천주교가 우리나라에 들어온 지 200년이 넘었는데, 초창기에는 제사 문제로 약 2만 명이 순교했습니다. 그 후 교황은 한국의 제사를 전통과 풍습이라는 이유로 인정했습니다. 더 이상 순교할 이유가 없어진 것입니다. 게다가 1965년 제2차 바티칸공의회는 "모든 종교에 구원이 있다"는 교황의 교서를 발표하고 신자나 불신자나 착한 일을 하면 구원을 받는다고 선포했습니다. 그러므로 굳이 타종교인에게 천주교를 믿으라고 강요할 이유도 타종교를 비난할 이유도 없습니다. 당연히 불신자를 차별할 이유도 없지요.

그러나 기독교(개신교), 이슬람교, 유대교처럼 단일신을 믿는 종교는 다릅니다. 누구나 신이 될 수 없습니다. 모든 종교에 구원이 있다고 믿지 않습니다. 그래서 자신들의 종교에만 구원이 있다고 주장할 수밖에 없습니다. 그러니 지극히 배타적이고, 다른 종교를 받아들이지 않습니다. 목에 칼이 들어오고 총으로 위협을 당해도 다른 신이나 절대자, 우상에 절하거나 머리를 숙이지 않습니다. 진리는 하나이고 둘 이상일 수 없으니 다른 신이나 종교를 받아들이지 않는다는 것입니다.

기독교는 삼위일체 하나님, 유대교는 하나님, 이슬람은 알라와 무하마드를 믿으면 천국, 불신하면 지옥에 간다고 합니다. 그래서 이 3개의 종교는 다른 종교를 비판할 수밖에 없습니다. 낭떠러지인 줄 알면서도 가지 말라고 막지 않는다면 그것은 사람의 도리가 아닙니다. 그래서 다른 종교를 무시하거나 비판하는 것입니다.

둘째, 예수 천국, 불신 지옥은 일견 옳습니다.

"강간하고 살인을 저지른 악당들도 죽기 전에 교회 다니고 예수를 열심히 믿으면 천국에 간다"는 것은 일견 옳은 말씀입니다. 그런 나쁜 짓을 저지른 사람도 예수님을 구주로 고백하고 하나님의 자녀가 되었다면 반드시 선행이라는 열매가 드러나게 됩니다. 만약 선행이 드러나지 않는다면 그의 고백은 거짓이거나 어린아이의 믿음이라는 것을 의미합니다.

또 간과하지 않아야 할 점은 예수님을 구주로 고백하면 하나님이 나의 아버지가 된다는 것입니다. 이것은 기독교에서만 볼 수 있는 엄청난 교리지만 이해하기가 어려울 수도 있으니 예를 들어 설명해 보겠습니다.

아버지는 자녀가 어떤 나쁜 짓을 해도 용서하고 이해합니다. 물론 타이르거나 꾸지람을 하겠지만 자녀를 버리지 않습니다. 아들이 성폭행을 하고 살인한 뒤 종신형을 선고받았다고 해도 호적에서 파버리는 아버지는 없습니다. 감형을 받아 출소하면 환영할 것이고, 함께 살며, 죽을 때는 유산도 물려줄 것입니다. 그저 아들이니 기다리고 받아들이는 것이지요.

사랑과 자비의 하나님도 마찬가지입니다. 강간범도 살인범도 하나님의 자녀가 되면 천국에 갑니다. 자녀가 되면 용서를 받고 유산을 받습니다. 만약 형제님이 결혼해서 자녀가 있다면 이 말을 이해할 수 있을 것입니다. 이런 연유로 기독교인은 죽을 때까지 어떤 사람이 기독교인이 되게 하는 것을 포기하지 않습니다. 이런 면에서 불교 등 다른 종교는 대책이 없다고 해도 과언이 아닙니다. 그런 종교의 교리는 선한 행위나 공덕으로 구원을 받는다고 보기 때문입니다.

셋째, 선행에도 악이 숨어 있을 수 있습니다.

우리 인간은 자신의 마음도 모르고, 더욱이 타인의 마음을 읽지 못합니다. 겉모양과 속마음이 다른 경우가 적지 않습니다. 속으로는 싫어도 관계를 유지하기 위해 체면상, 도리상, 예의상 겉으로는 좋은 척합니다. 마찬가지로 남을 돕는 구제금, 의연금, 봉사하는 행위 속에도 자신을 알리고 드러내려는 공명심, 욕망, 욕심이 0.0001%는 존재합니다. 그런 마음이 없다고 하면 거짓말입니다.

우리는 함량이 99.9%인 금을 순금이라고 합니다. 그런데 완전하시고 완벽하신 하나님은 100%를 원하십니다. 0.0001%의 불순물이나 결함이라도 있으면 선한 일이나 공덕으로 인정하지 않습니다. 아무리 선한 일을 한 사람이라도 그 안에는 죄와 악이 있다는 것입니다. 0.0001%의 죄를 가지고는 천국에 들어갈 수 없습니다. 100% 선한 일을 행한 사람만 천국에 들어갈 수 있습니다. 하지만 이 세상에는 100%의 선행이 존재하지 않습니다.

그런데 예수님을 구주로 고백하는 기독교인은 다릅니다. 기독교인은 예수님의 선하고 깨끗한 옷을 입고, 예수님이 우리의 더러운 옷을 대신 입습니다. 그래서 하나님 아버지는 예수님의 깨끗한 옷을 입은 자녀인 기독교인을 천국에 입장시켜주시는 것입니다. 반면 불신자는 예수님의 옷을 입지 않았으니 지옥으로 가게 되지요. 다만 선한 행위를 한 불신자와 악한 일을 한 불신자는 지옥에 가더라도 벌을 받는 강도는 차이가 있으리라 보는 신학자들도 있습니다. 전자가 후자보다 조금 나은 대우를 받을 것으로 추측합니다.

하나님이 형제님의 마음을 만지고 건드리고 계심을 감지합니다. 언제든 궁금한 사항이 있으면 저에게 연락을 주시거나 가까운 교회에 가셔서 목사님과 상담해보시기 바랍니다.

04

낙원과 천국은 다른 곳인가요?

Q 몇달 전 엄마가 암으로 돌아가시고 난 뒤, 죽음에 대해 많은 생각과 고민들로 머리가 복잡해졌어요. 저희 엄마는 천국에 계신 게 아니라 지금은 지상낙원에 계신다고 전도사님이 말씀하시더라고요. 예수님이 재림하시면 천국에 간다고 하던데, 그 지상낙원이 어떤 곳인가요? 예수님을 믿지 않고 돌아가신 분들은 지옥에 있나요? 예수님의 존재조차 몰랐던 옛 선조들은 어떤 상태로 계신 건가요? 천국에 가든 지옥에 가든 귀신이 되는 것인지요?

A 하나님의 부르심을 받은 어머니로 인하여 얼마나 마음이 괴롭고 슬프고 어려울지 짐작이 갑니다. 그런 와중에도 죽음을 생각하고 천국의 위로를 받으니 감사할 따름입니다. 어머니가 낙원에 계시는 것은 확실합니다. 자매님도 예수님께 구원이 있음을 알고 있는 것으로 보아 하는 말입니다. 어머니는 지상낙원이 아니라 그냥 낙원에 계십니다. 지상낙원(지구에 낙원이 있다고 주장하는 이

단사상)은 어떤 이단의 주장이기 때문입니다.

죽은 신자의 영혼은 낙원으로, 불신자의 영혼은 음부로 갑니다. 그리고 육체는 모두 흙(재)이 됩니다. 예수님이 재림하시면 흙이 되었던 육체가 부활해(신자나 불신자나 모두 부활합니다) 영혼과 재결합을 합니다. 그리고 하나님의 심판대 앞에 서게 되며, 이때 신자는 천국으로, 불신자는 지옥으로 갑니다. 이것이 올바른 낙원과 천국, 음부와 지옥관입니다. 약간 복잡해서 간단히 신자는 천국, 불신자는 지옥이라고 표현하는 것이지요. 낙원은 천국과 비슷하지만 천국보다는 질적인 면에서 약간 덜하다고 보면 될 것 같습니다. 크게 보면 낙원과 천국이 같다고 해도 아무런 문제가 없습니다.

천국은 요한계시록 21장, 22장에 설명되어 있습니다. 아름답고 찬란하고 눈물도 없고 헤어짐도 없고 아픔도 없고 사망도 없으며 하나님과 성도들이 통치하는 곳으로 성경은 묘사합니다. 따라서 낙원도 비슷하리라고 보면 됩니다.

불신자들이 모두 음부(지옥)로 간다는 것은 불변의 진리입니다. 불신자들도 영생하지만 영원히 지옥에서 살게 됩니다. 차라리 사라져 버렸으면 좋으련만 영원히 존재합니다. 그러다 보니 악인들의 영혼이 사라져버린다고 주장하는 이단도 생겨났습니다.

예수님을 몰랐던 조상들에 대해서는 여러 가지 의견이 있습니다.

1. 선한 일을 많이 했다면 천국에 갔을 것이다.

2. 악한 일을 많이 했다면 지옥에 갔을 것이다.

3. 지옥에 갔지만 차별이 있을 것이다.

4. 모두 천국으로 갔을 것이다.

5. 알 수 없다.

저는 이 가운데 세 번째를 취합니다. 즉, 예수님을 알고도 믿지 않은 사람들과는 차별이 있을 것으로 봅니다. 착한 일을 많이 한 사람들은 비록 지옥에 있지만 더 가벼운 형벌을 받을 것으로 생각합니다.

또 신자나 불신자나 육체는 흙이 된다고 했습니다. 다만 귀신은 사탄이나 마귀가 흉내를 내는 것이라고 기독교는 말합니다. 자매님이 알고 있는 것은 불교나 기타 무속적인 신앙에서 흔히 하는 말로서 기독교에서는 사탄은 타락한 천사로, 귀신은 사탄의 졸개들로 여깁니다. 천국에 가든 지옥에 가든 귀신이 된다는 것은 불교나 무속신앙에서 하는 말입니다. 사람은 죽어서 귀신이 되지 않으며, 귀신은 사람의 몸을 입고 흉내를 내는 것입니다.

어떤 이단은 사사건건 귀신을 들고 나와서 신자들에게 불건전한 신앙관을 심어주고 귀신에게 책임을 돌립니다. 감기에 걸려도 귀신, 사업이 망해도 귀신, 실직해도 귀신 등 온갖 귀신 타령을 하면서 이 세상을 하나님과 귀신이 대결하는 곳으로 몰아갑니다. 귀신론에 빠지면 온 세상이 귀신으로 보이고, 교회에만 충성하게 만들며, 신비로운 기도의 세계에 의존하게 됩니다. 그러니 경계해야 합니다.

05
남편이 갑자기 신학교에 간다고 해요

Q 회사에 잘 다니던 남편이 갑자기 직장을 그만두고 신학교에 가겠다고 합니다. 그동안 남편은 주일을 성수하며 교회에서 봉사도 많이 했습니다. 그런데 어느 날부터인가 성령을 받고 거듭났다면서 신학교에 가서 신학을 공부하고 싶다고 합니다. 담임목사님도 승낙했다고 하는데, 고민입니다.

A 앞날이 창창하던 남편이 그동안 잘 다니던 직장을 그만두고 갑자기 신학교에 가겠다고 하니 당황스럽고 걱정이 앞서리라 생각합니다. 아마 저라도 고민하고 염려했을 것입니다. 퇴사하기 전에 몇 가지 알아볼 사항이 있습니다.

첫째, 퇴사하려는 이유는?

혹시 회사 일에서 도피하려고 하는 것은 아닌지요? 사회의 지탄을 받는 비윤리적 행위가 아니라면 회사 일을 할 때도 사람에게 하듯 하지 말고 주님께 하듯 해야 합니다(골로새서 3:23). 현재 업무가 어렵고 힘든가요, 아니면 지쳤나요? 세상에 쉬운 일은 없습니다. 위로해주시고 많이 공감해주시기 바랍니다.

대인관계, 특히 상사 및 동료와의 관계가 좋지 않아서 도피하려고 하는 것이 아닌지요? 일터에서 대인관계는 매우 중요한데, 문제가 있을 경우 대부분은 자신에게서 원인을 찾을 수 있습니다. 기독교인은 상사를 기쁜 마음으로 섬기고 충성하는 것이 당연합니다(에베소서 6:5~7). 상사에게 대들고 반항하는 것은 잘못입니다.

만약 세상일은 더럽고 교회일은 성스럽고 고귀하다고 생각하고 있다면 성속이원론에서 벗어나야 합니다. 의외로 우리나라 교인들은 교회, 목회와 관련된 일은 깨끗하고 세상 직업은 성스럽지 못하다는 잘못된 사고에 빠져 있는 경우가 많으니까요. 세상일을 통해서도 하나님을 영화롭게 하고 기쁘시게 하면 상급을 받을 수 있습니다.

둘째, 신앙 상태는?

올바른 신앙인지 검토하라는 의미입니다. 기독교란 무엇인지, 구원의 방법 및 이에 대한 확신이 있는지 알아야 합니다. 의외로 구원이 무엇인지 모르는 신자들이 많습니다. 구원의 서정(과거와 현재와 미래의 구원)을 모른다면 아직도 어린아이 신앙을 벗어나지 못한 것입니다. 비뚤어진 신앙을 가진 사람들이 의외로 많습니다. 기본적으로 하나님이 누구신지, 성령님이 누구신지, 교회란 무엇인지, 기도란 무엇인지도 모르는 것이지요. 이런 것들을 신학교에서 배운다고 생각한다면 큰 착각입니다. 신학교에서 성경을 배운다고 하지만 실제로는 성경의 개론만 배운다고 하는 것이 정확한 표현입니다.

신학교에서는 목회자가 되기 위한 과정을 배우기 때문에 신학교에 입학하기 전 어느 정도 기본 실력을 갖추고 있어야 합니다. 그러지 않으면 3년 신대원 과정을 리포트를 쓰다가 흘려보내기 쉽습니다. 교재 한 권을 제대로 마스터하지 못한 채 대충 읽고 넘어가다 보면 절반만 공부해도 많이 한 것이 됩니다.

혹시 돈이나 명예나 출세를 위해, 다른 사람에게 존경을 받기 위해 목회자가 되려고 한다면 애초에 포기해야 합니다. 목회자는 다른 사람을 철저히 섬기고 돕는 자일 뿐 다른 사람 위에 올라타거나 군림하는 사람이 아닙니다. 만에 하나 그런 생각을 가지고 있다면 포기하십시오. 간혹 이런 헛된 야망을 품은 신학생도 있지만, 이는 잘못된 것입니다.

셋째, 소명 여부는?

하나님이 목회를 하라고 하셨느냐는 것입니다. 하나님이 목회를 하라고 불렀다고 자신하는 사람들을 보면 자기 확신에 불과한 경우가 많습니다. 그저 성령의 불을 받았다거나 담임목사가 신학교에 가라고 하는 경우가 대부분이지요. 또 부모님이 서원을 했기 때문에 신학을 하는 경우도 있는데, 이는 바람직하지 않습니다.

목회자에게는 외적 소명이 있어야 합니다. 외적 소명이란 목회, 선교, 사회봉사, 기관사역, 문서사역 같은 길이 열려 있느냐에 달려 있습니다. 외적 소명이 없다면 실제로는 소명이 없는 것입니다. 그래서 무임 목사가 되거나 사회활동을 다시 시작하는 목사가 적지 않습니다.

목사라면 굶을 각오를 하고 목회를 해야 합니다. 때로는 자식 농사도 거의 단념한 채 하나님께 맡기고 의지해야 합니다. 철저한 청지기의 삶을 모범적으로 살아야 하니까요. 『구약』의 선지자를 보면 아내가 죽어도 장례식을 치르지 못하고, 벌거벗고 속옷만 입고 지내거나, 타국으로 도망도 가고, 때로는 죽임을 당하기도 합니다. 또 『신약』을 보면 제자들이 굶고 목마르고 매 맞고 감옥에 갇히거나 순교하는 삶을 삽니다. 이것이 바로 목회자의 삶이라고 해도 과언이 아닙니다. 이런 각오가 없다면 신학교에 가지 않는 것이 좋습니다.

넷째, 인격적인가?

기본적으로 성격이 급하고 참지 못하고 화를 잘 내는 사람은 신학교에 가시 않는 것이 좋습니다. 신학교에서도 자기 성질을 참지 못해 문제를 일으키는 신학생들이 참 많습니다. 사람은 특히 속사람은 잘 변화하지 않습니다. 부단한 자기 노력과 성령님의 도우심과 역사하심이 있을 때만 변화가 이루어지지만, 이 또한 매우 오랜 시간을 필요로 합니다.

교회에서도 인격적이지 못한 목회자로 인해 마음에 상처를 입고 교회를 등지거나 떠나는 사람들이 있습니다. 신앙이나 신학적 지식 또는 지혜가 부족해도 연약한 지체들을 섬기고 위하는 목회자가 더 훌륭하게 목회를 할 수 있습니다. 늘 자신이 부족하다고 겸손하게 말하면서 교회당과 화장실을 청소하고, 어렵고 고통당하는 신자들과 함께 웃고 우는 목회자가 필요합니다.

다섯째, 성경과 기본적인 신학 지식은?

기본적으로 성경을 최소한 서너 번은 정독하고 공부해야 합니다. 성경을 모르면서 신학교를 간다는 것은 어불성설입니다. 심지어는 성경을 수십 번 통독하고 신학교에 오는 사람들도 있습니다. 신학교는 성경을 가르치는 곳이 아닙니다. 신학교는 목회자를 양성하는 기관이자 신학을 공부하고 연구하는 기관입니다.

그럼에도 불구하고 방언을 하고 예언(?)을 하고 종교(교회)생활을 열심히 한다고 해서 신학교에 간다는 사람들이 있습니다. 성경 지식도 별로 없고 신학이 무엇인지도 모르면서 담임목사가 옆에서 부추기고 권면하면 신학교에 가는 경우가 있다는 것입니다. 기독교 신앙은 그저 마음만 뜨겁고 열심만 있으면 되고, 큰 소리로 유창하게 기도를 잘하고 성경을 읽으면 되는 것이 아닙니다. 믿음과 행위,

율법과 복음, 『구약』과 『신약』, 교회와 세상, 영과 육처럼 많은 부분에서의 지식과 지혜가 반드시 필요합니다.

기본적으로 성경과 교리와 역사를 어느 정도 배우고 익힌 뒤 신학교에 들어가야 합니다. 간혹 '어떻게 이렇게 기본 실력도 없이 신학교에 입학해서 신학을 한다는 거지?' 하는 생각이 들게 하는 신학생도 있습니다. 그런 이들을 보면 한숨이 저절로 나옵니다.

여섯째, 야간 신학교를 고려하면?

신학교에서 공부한다고 해서 반드시 주간에 다녀야 하는 것은 아닙니다. 찾아보면 야간에 다닐 수 있는 신학교도 있고, 또 사이버 신학교도 괜찮습니다. 의외로 그런 과정에 있는 학생들 가운데 사회에서 엘리트로 불리는 분야의 사람들도 있습니다. 월등한 학력, 실력, 능력을 갖춘 사람들을 야간 신학교나 사이버 신학교에서 만날 수 있다는 것이지요. 의사, 교수, 공무원, 회사원, 회사 대표 등 사회적으로 중책을 맡은 사람들이 야간 신학교에서 공부합니다. 주경야독하지만 신앙의 목마름을 해결할 수 있고, 목회를 생각할 충분한 시간과 여력이 생기기 때문입니다.

특히 자녀가 있는 사람은 이런 과정을 충분히 고려하고 검토해야 합니다. 배우자의 도움 없이는 일반적인 목회(특히 개척일 경우)를 하기가 매우 어렵습니다. 지금은 목회자가 부족한 시대가 아닙니다. 아니, 차고도 넘치죠. 무인가 신학교까지 합하면 일 년에 얼마나 많은

수의 목사가 탄생하는지 모릅니다. 교회 십자가만 세우면 부흥하고 성장한다고 믿으면 큰 오산입니다. 개척교회 가운데 0.5%도 살아남기 어려운 것이 현실입니다. 자칫 신용불량자로 전락하거나 가정이 파탄에 이르기 십상입니다.

그러나 배고프고 가난하며, 힘난한 산과 강을 넘듯 어렵게 목회를 하더라도 평화, 기쁨, 자유가 있는 하나님의 나라를 전파하고, 죽어가는 한 영혼이라도 살리고 올바른 믿음을 전달하겠다는 사명과 목표가 있다면 신학교에 가도 좋습니다.

06
뉴에이지 음악을 하고 싶어요

Q 뉴에이지 음악은 감상도 연주도 하면 안 되는 건가요? 저는 이루마의 곡을 좋아하며, 이번 추수감사절엔 조지 윈스턴의 피아노곡을 쳐볼 생각인데 염려가 되어 질문합니다.

A 먼저 뉴에이지(New Age)가 무엇인지 정확히 알아야 합니다. 뉴에이지는 불교, 힌두교와 무속적인 종교에서 빌려와서 영적 조합으로 만든 신흥종교입니다. 조합을 했으니 뉴에이지 종교는 믿을 수 없을 만큼 색채와 종류가 다양합니다. 예를 들어 무당, 영매, 마술, 요술, 접신, 달 숭배, 환생, 망자와의 대화 등이 모두 뉴에이지 영성을 포함합니다. 피아노나 바이올린 같은 음악 연주에도 뉴에이지가 들어왔지요.

뉴에이지 같은 신흥종교는 어떤 초월적 힘, 영혼과 관련됩니다. 사람들은 대개 이런 영적 능력을 가지고 싶어 하므로 사람들을 속이고 마귀를 부르게 됩니다(요한복음 8:44). 가장 나쁜 점은 뉴에이지가 또 다른 힘과 실체는 하나요 모든 것이 하나님(신)이라고 가르친다는 것입니다.

뉴에이지는 힌두교의 사상인 업(카르마)과 환생을 빌려왔습니다. 신체적인 연습을 많이 하고 좀 더 높은 의식 수준으로 개발시키면 인간이 신(하나님)이 된다고 합니다. 하나님을 바라보지 말고 진리와 영감과 구원을 얻기 위해 인간 자신만을 바라보라고 가르칩니다.

뉴에이지는 하나님이 우주 만물을 만들었고 홀로 영광을 받으셔야 한다고 말하는 성경과 정면으로 충돌합니다. 예수 그리스도를 통한 구원을 부정합니다. 우리가 생명처럼 여기는 예수님의 십자가 구원이 아무런 효력도 소용도 없게 되는 것이지요. 이처럼 기독교를 파괴하는 다원주의적 사상이 뉴에이지입니다. 결론적으로 뉴에이지는 내가 하나님이 되는 종교이고, 모든 만물에 하나님이 있다고 보는 다원론적 신흥종교입니다. 그래서 우리가 뉴에이지를 부정하는 것입니다.

뉴에이지는 음반시장에서 하나의 장르로 취급되면서 가사가 없는 편안한 연주 음악도 뉴에이지로 명명됩니다. 따라서 기존의 재즈, 클래식 등의 연주 범위에 들어가지 않는 현대적인 연주 음악을 통칭하는 말로 널리 사용되고 있습니다. 그러다 보니 피아노 연주자인 이루마의 음악도 뉴에이지 장르로 취급되곤 합니다. 교회에서 널리 사용되는 음악은 음반시장에서 장르로 구분되지 않고 기독교 음악 또는 종교 음악이라는 범주로 특별히 취급되고 있습니다. 그런데 만약 이런 구분이 없다면 새벽기도 때 사용되는 묵상 음악도 장르적으로는 뉴에이지에 가깝습니다.

이 점을 이해하지 못하고 "모든 뉴에이지 음악은 나쁘다"고 이야기하니 크리스천 피아니스트인 이루마의 음악도 사탄의 음악이 되고 마는 것입니다. 이루마 자신은 단 한 번도 자신의 음악 장르를 뉴에이지라고 한 적이 없다고 합니다. 피아노 연주곡, 경음악으로 분류되기를 바랐지만 음반시장에서 뉴에이지로 분류하는 바람에 불필요한 오해를 사고 욕을 많이 먹었다는 것입니다.

뉴에이지 운동은 반기독교적으로 유일신 하나님을 부정하는 사상(종교)임에는 틀림이 없습니다. 따라서 뉴에이지 사상가(활동가)들의 음악, 영화, 서적, 그림 등 모든 문화 콘텐츠를 피하는 것이 옳다고 생각합니다. 다만 음반시장에서 뉴에이지라는 장르로 분류된 모든 음악이 뉴에이저들의 창작물은 아니라는 것은 알 필요가 있습니다. 또 뉴에이지로 정의되지 않았다 해도 뉴에이저들의 생각과 사상을 담은 콘텐츠들이 많다는 것도 잘 분별해야 합니다.

하나님은 우리에게 일반은혜를 통해서도 아름다운 음악을 즐길 귀를 주시고 느낄 수 있는 마음을 주셨습니다. 하지만 하드록(hard rock)이나 헤비메탈(heavy metal) 같은 음악은 마음을 어지럽게 하고 부담을 주니 피하는 것이 좋습니다. 마음에 평화와 안정을 주기는커녕 도리어 마음을 복잡하게 만들고 힘들게 하니까요. 그중에는 사탄을 찬양하거나 고무하고 하나님을 저주하며 저질적인 내용을 담은 가사도 적지 않습니다.

일부러 뉴에이지 음악을 연주하거나 감상할 필요는 없습니다. 뉴에이지의 원조라고 할 수 있는 조지 윈스턴(George Winston)의 음악도 이런 의미에서 피하는 것이 바람직합니다. 하지만 피할 수 없을 때는 연주하거나 들으십시오. 예를 들어 학교에서 숙제로 내준다거나 지정곡으로 선정될 경우는 피할 수 없겠지요.

중요한 것은 뉴에이지의 사상에 동의하거나 동조하지 않는 것입니다. 뉴에이지는 주로 불교나 힌두교의 명상 프로그램이나 선, 요가 음악을 통해 우리에게 접근한다는 것을 알아둘 필요가 있습니다. 사실 이것을 우리가 다 분별할 수는 없지만, 특히 "마음을 모아라", "마음을 한곳으로 집중해라", "마음을 내려놓아라", "마음을 비워라"는 말을 하면서 이상하고 신비로운 듯한 음악을 틀어준다면 피하는 것이 좋습니다.

결론입니다. 분별력만 있다면 뉴에이지 음악을 들어도 괜찮고 피아노로 연주해도 괜찮습니다. 그런데 한국 교회에는 이런 이론적 배경을 모르고 무조건 배격하는 근본주의적 목사나 신자들이 많습니다. 그런 근본주의 신앙을 가진 분이나 믿음이 약한 신자가 시험에 들 수 있으니 뉴에이지 음악을 연주하지 않는 것이 성숙한 기독교인의 자세입니다. 믿음이 약한 사람들 앞에서는 뉴에이지 음악이나 세상 음악을 듣지 마십시오. 참기독교인은 다른 신자의 믿음과 영성을 위해 자신의 자유를 제한하기도 합니다(고린도전서 9:19~23).

대적기도와 선포기도를 해도 되나요?

Q 마음이 괴롭고 힘들 때, 특히 마음에 무서운 생각이 들면 대적기도를 해야 합니까? 심지어 가난 마귀, 질병 마귀, 불화 마귀도 물러가라고 선포기도를 하는 목사님도 보았습니다. 대적기도와 선포기도를 어디까지 받아들여야 하는지 혼란스럽습니다.

A 결론부터 내리고 시작합니다. 마귀(사탄)의 특성은 무서워하면 무서워할수록 세력이 더 강해진다는 것입니다. 마귀를 두려워하지 마십시오. 대적기도는 귀신론에서 온 것입니다. 참 기독교인은 마귀(악한자, 사탄)가 만지지도 못하는 귀한 존재입니다.

> 하나님께로부터 난 자는 다 범죄하지 아니하는 줄을 우리가 아노라 하나님께로부터 나신 자가 그를 지키시매 악한 자가 그를 만지지도 못하느니라
>
> _ 요한일서 5:18

목사들 중에는 "악한 영은 성도의 생각을 통해 들어온다", "악한 영이 들어오면 하나님께 기도하는 게 아니라 악한 영을 향해 직접 대적기도를 해야 한다"고 주장하는 이들이 있습니다. 야고보서 4장 7절에 근거해 마귀와 직접 싸우는 분들이 있습니다. 즉, "예수의 이름으로 명하노니 물러가라, 물러갈지어다" 하는 목사들이 있지만 옳은 방법은 아닙니다. 마음의 병과 생각과 사고(事故)의 원인을 마귀나 사탄으로 돌리는 것은 잘못입니다. 자신의 잘못이 아니라 타인의 잘못이나 실수로 질병, 사고, 공포나 두려움 같은 것이 올 수 있습니다. 오히려 우리는 하나님의 말씀에 복종하고 더욱더 가까이 나가 기도하면서 하나님의 도우심을 기다리는 것이 옳습니다.

『신약』에 '대적하라'는 뜻의 헬라어 '안디스테미'가 12번이나 사용되었지만, 다음 두 군데 외에는 적용하기 곤란합니다.

첫째, 에베소서 6장 13절에도 안디스테미가 사용되었습니다. 신자들은 마귀와 싸울 때 '전신갑주'를 입으라고 하면서 14~18절에서 방법을 소개합니다.

둘째, 베드로전서 5장 9절에도 "그를 대적하라"고 합니다. 앞뒤 구절을 살펴보면 마귀와 직접 싸우기보다는 하나님께 맡기고(7절), 근신하고 깨어 있어 믿음을 굳게 하라는 것이지요. 그런 고난을 우리도 당할 수 있으나 결국 하나님이 예수님을 통해 우리를 굳건히 하시고 강하게 하시리라는 것입니다(10절).

백번 양보해서 대적기도를 신자들이 직접 할 수는 있다고 봅니다. 이때 주의해야 할 점은 내가 하나님께 기도하고 요청하는 것이지, 마치 목사나 내가 어떤 능력을 가지고 사탄을 물리치는 것같이 기도하는 것은 잘못입니다. 말로는 예수의 이름으로 명한다고 하지만 자신의 능력으로, 자신이 하는 것으로 말하고 행동하는 목사와 신자들도 있습니다. 이는 월권이요 교만입니다.

무당도 그렇게 귀신과 대적합니다. 어떻게 무당과 목사가 하는 말이 똑같을 수 있을까요? 무속신앙이 교회 안으로 많이 흘러들어 온 것으로 봅니다. 우리가 마귀(사탄)와 직접 상대하는 것이 아니라 주님이 하십니다. 우리는 마귀(사탄)와 직접 싸워서 승리할 수 없습니다. 마귀는 우리보다 월등한 능력을 소유한 타락한 천사이기 때문입니다.

주변에서 사탄이나 귀신에게 선포기도를 하는 신자를 볼 때가 있습니다. "질병은 떠나갈지어다", "가난아, 떠나갈지어다" 하는 투의 기도는 하나님께 하는 것이 아니라 사탄이나 마귀에게 들으라고 하는 것으로 비성경적입니다. 예수님은 선포기도를 하신 것이 아니라 귀신에게 명령하셨을 뿐입니다. 그렇기는 하지만 우리가 예수님처럼 명령한다고 해서 마귀나 귀신이 떠나가지는 않습니다. 우리는 그저 하나님께 간구하거나 도움을 청하는 기도를 할 뿐입니다. 귀신 들렸다고 하는 사람들은 대개 병원에 가면 낫습니다.

나쁜 유형의 또 다른 선포기도는 내가 소원하는 것을 소리 내어 말하는 것입니다. 이를테면 "내가 부자가 되었음을 선포하여 기도

합니다" 하는 것이지요. 그런데 그렇게 기도한다고 정말 부자가 됩니까? 심리를 이용한 잠깐의 착각이요 용기를 불어넣는 말장난에 지나지 않습니다. 하루에 1시간씩 몇 년 동안 부자 선포기도를 해보십시오. 정말 부자가 되겠습니까?

"예수의 이름으로 내가 치유되었음을 선포하며 기도합니다"라고 말하라는 사람들이 있습니다. 이런 형태를 취하는 치유집회가 있지만 수용하기는 힘듭니다. 열광적인 분위기나 환경에 들어가면 자신의 병이 나은 것 같은 착각이나 환상에 빠지게 됩니다. 그러고는 앞에 나와서 병이 치유되었다고 많은 사람 앞에서 간증하는 것이지요. 그런데 나중에 병이 나았다는 사람에게 물어보면 병이 낫지 않고 예전과 같다고 말하거나 미리 나을 것을 예상하고 치유되었다고 주장한 사람들이 대부분입니다.

무당도 병을 고치고, 스님도 병을 고치며, 이단 목사도 병을 고칩니다. 병을 고치는 것은 의사이고, 의술로 고치지 못하는 것은 하나님이 고치시기도 합니다. 선포기도는 없습니다. 단지 하나님께 불쌍히 여겨달라고 기도하거나 간구하는 것입니다. 나머지는 하나님이 알아서 하십니다.

병을 고치는 신유은사는 특별계시인가요?

Q 현대사회에서도 의사가 치유하지 못하는 질병을 하나님께서 기도로 치유해주실 수 있다고 믿습니다. 하나님께서 우리 담임목사님에게 특별계시나 특별은사를 주셔서 병을 고치는 것이 아닐까 생각합니다. 몸이 아파도 병원에 가지 않고 목사님께 안수를 받으러 가는데, 이렇게 해도 괜찮은가요?

A 교회에서는 2세기에 성령의 은사를 지나치게 강조하는 몬타누스를 정죄해 교회에서 추방했습니다. 16세기 웨스트민스터 신앙고백에서도 성령의 은사는 종료되었다고 선언했습니다. 웨스트민스터 신앙고백은 한국의 모든 장로교회와 일부 교단에서도 수용하고 있으며, 목사 안수 시 반드시 준수한다고 약속할 만큼 중요시합니다.

개인적인 의견을 말씀드립니다. 한국에서도 성령의 은사 중 하나인 신유의 기적이 일어납니다. 신유은사를 부인하지는 않지만, 신유은사에만 의존하라거나 의술에 의존하지 말라는 데는 강력히 반대합니다. 성령의 은사에 대한 이런 잘못된 인식 때문에 기도원 원장이나 목사에게 환자를 맡겼다가 치료 시기를 놓쳐 죽는 경우를 적잖이 보았습니다. 심지어 심리치료를 받거나 정신병원에 입원해 약물치료를 병행하면 치료될 수 있는 마음의 병을 귀신이 들렸다고 오인하는 경우도 있습니다.

사실 저는 신유의 은사를 받은 적이 없습니다. 저에게는 신유의 은사가 없다고 믿는 목사입니다. 그런데 그렇게 신유은사가 없는 목사가 병자에게 기도하니 대학병원 의사가 고치지 못하는 병이 완치된 적도 있습니다. 그것도 직접 만나서 안수하거나 신체적으로 만진 것도 아니고 단지 전화 통화를 했을 뿐인데 말입니다. 그때 환자는 제게 자신의 고민을 하소연하며 자살까지 생각했다고 고백했습니다. 2년이 지난 지금, 그는 여전히 평안하고 활기차게 생활하고 있습니다.

이렇게 하나님은 어떤 사람을 도구로 사용해서 사람에게 역사하는 경우가 많습니다. 저도 병원에서 치료가 불가능하다고 판정을 받는 신자에게 건강한 신유은사자에게 가보라고 권유할 때가 있습니다. 다만 돈을 요구하거나 무엇인가 요구 사항이 있는 목회자는 피해야 한다고 이야기해줍니다.

저도 예전에 안과 전문의에게 한 달 안에 황반변성이 발생할 확률이 99%라는 진단을 받은 적이 있습니다. 하지만 7년이 지난 지금까지도 발병하지 않았습니다. 하나님이 신유은사자의 도움 없이도 해결해주신 것입니다. 사실 제게는 낫지 않는 병도 있지만, 그렇다고 신유은사자를 찾아가지는 않습니다. 단지 하나님이 의사에게 허락하신 일반은혜로 병원에서 진단을 받고 약을 복용할 뿐입니다. 하나님은 그 병은 고쳐주시지 않는 것 같습니다. 오히려 최근에는 '당뇨병'도 허락해주셨습니다. 당뇨병 환자가 되는 것이 신앙적으로 제게 도움이 되고 유익이 되기 때문일 것입니다.

  병을 고치고 미래를 예측하고 과거를 아는 것은 무당도 하고, 불교의 스님도 하고, 이슬람교의 이맘도 합니다. 예전에 이단인 P장로는 사람의 마음을 꿰뚫어보기도 하고 수많은 병자를 치유했습니다. 또 M장로도 그런 기적을 많이 행한 것으로 알고 있습니다. 즉, 사탄과 마귀도 얼마든지 그런 기적을 행할 수 있다는 것이지요.

  형제님이 말한 것처럼 성령의 은사를 특별계시라고 하는 것은 잘못된 표현입니다. 특별계시는 첫째로 성경이고, 둘째로 하나님이신 예수님을 가리킵니다. 그런 은사나 기적을 특별계시라고 하지는 않습니다. 특별계시는 주로 이단이나 신비주의를 강조하는 단체나 교회에서 사용하는 용어입니다. 자신이 마치 특별한 사람이라도 되는 것처럼, 하나님의 특별한 선택을 받은 『구약』의 선지자처럼 인정받기를 원하는 것이지요. 우리는 그런 사람들을 피해야 합니다.

  '계시'라는 말을 함부로 사용해서는 안 됩니다. '직통계시'라고 하여 성경을 무시하고 하나님이 자신에게 특별한 말씀을 알려준다고 주장하고 싶은 것이기 때문입니다. 주로 신사도운동을 하는 사람들이나 이단들이 그런 계시를 운운합니다. 계시가 지금도 있다면 성경은 필요가 없거나 중요성이 떨어집니다. 성경이 필요 없거나 성경의 중요성이 강조되지 않으면 기독교는 무너집니다. 중심이 없는 하나의 사교(邪敎)가 되거나 신흥종교가 되어버릴 것이니까요. 목사가 하는 말을 계시처럼 믿고 행동하는 신자들이 있는데, 잘못된 경우가 많으니 주의해야 합니다.

09

복음성가(CCM)를 예배 중에 사용해도 되나요?

Q 예배 방식은 시대에 따라 바뀌나요? 20년간 교회를 떠나 있다가 다시 교회에 나오니 예배드릴 때 기타를 치고 드럼도 치고 찬송가가 아닌 복음성가 같은 것을 부르더군요. 저는 예배는 경건하고 엄숙한 분위기에서 드려야 하는 것으로 알고 있었거든요. 예배 방식만 바뀌면 상관없는데 점점 교회가 세상 사람들을 좇아가는 기분이 드는 건 왜일까요? 참으로 답답합니다.

A 충분히 공감합니다. 아마도 형제님은 보수적이고 전통적인 교회에서 신앙생활을 했던 것 같습니다. 주로 예수교장로교단이나 감리교단 교회에서는 조용하고 엄숙하게 예배하곤 합니다. 그런 교단에서 신앙생활을 한 신자들은 세상의 밴드나 클럽처럼 기타, 드럼 등을 연주하며 예배하는 것을 보면 마음이 불편한 것 같습니다.

　몇십 년 전만 하더라도 그런 식의 '열린 예배'는 극히 일부의 진보적인 교단에서만 이루어졌습니다. 이런 예배는 미국의 마케팅 처치(marketing church : 고객인 신자들, 특히 불신자들의 입맛에 맞게 예배 분위기를 조정함)를 벤치마킹해서 한국 교회에 그대로 복사해 온 것입니다. 그중 음악을 통하여 인간의 감정을 자극하고 울리고 웃게 하는 심리적 요소도 함께 들어왔습니다.

이런 음악이 불신자를 전도하고 유치하는 데 성공(?)했는지는 모르지만 신자들의 신앙의 질(質)은 더 낮아졌다고 평가할 수 있습니다. 청소년 예배나 수련회에 가면 주로 사용하는 단골 메뉴가 값싼 눈물 짜내기 찬양과 예배 방법입니다. 그런데 예배 후 몇 시간이 지나면 신앙에 아무런 도움이 되지 않고 말짱 도루묵이 되곤 하지요.

이제 한국 교회에서는 교인이 열 명도 되지 않는 작은 교회도 청소년을 유치하거나 유지하려고 음악적 도구를 사용하고 있습니다. 너나없이 그런 분위기에 편승하는 바람에 일렉트릭기타와 드럼이 없는 예배당이 없을 정도입니다. 그런 식의 음악 예배를 좋아하는 신자들을 위해 일주일에 한 번 정도, 수요일이나 금요기도회에서는 사용할 수도 있다고 봅니다. 그것도 예배가 아니라 예배를 시작하기 전에만 사용한다면 말입니다.

복음성가를 부를 수밖에 없는 이유는 현재 사용하는 21세기 찬송가에 복음성가가 많이 들어와 있기 때문입니다. 우리가 잘 모르지만 이미 사용되고 있는 것이지요. 그 뿌리가 너무 깊어서 이제는 어쩔 수 없고, 우리의 신앙 의식과 생활 속에 깊숙이 들어와 있다는 것을 인식해야 합니다. 새삼 그런 것을 없애자니 이미 우리에게 익숙한 찬송이 되어버린 것입니다. 그러니 너무 심각하게 받아들이지 마십시오. 21세기 찬송가 총 645곡 중에 약 6~7% 정도가 외국의 세속 가요, 민요, 오페라, 국가, 심지어는 미국 소방대원의 노래를 사용하고 있을 정도입니다.

문제가 있는 것으로 보이는 47곡의 곡조가 우리가 부르는 찬송가에 포함되어 있습니다. 심지어 세계 역사상 유례를 찾아볼 수 없는 것은 영국과 독일 국가의 곡조도 찬송가에 사용되고 있다는 점입니다. 지금도 좋은 곡조는 복음성가로 CCM으로 사용되고 있으며, 간혹 듣기 싫은 곡조도 가사가 신앙적이라는 이유로 아무 제약 없이 청소년들이 찬양하며 즐기고 있습니다. 앞으로 백 년쯤 지나면 '유 레이즈 미 업(You raise me up)'처럼 미국 술집에서 부르는 남녀 간의 사랑 이야기도 가사와 곡조가 아름답다는 이유로 찬송가에 포함될지 모릅니다.

성경을 보면 이스라엘도 예배 방식을 마음대로 변경했다가 하나님께 혼쭐이 난 적이 많았습니다. 구약시대에도 성막이나 성전에서 예배하다가 산당에서 예배하기도 했습니다. 바벨론 유수 70년 후 다시 성전 예배를 회복하고, 회당과 성전에서 예배를 하다가 결국 성전이 파괴되어 회당 예배를 하게 됩니다. 현재 유대교를 믿는 이스라엘도 전통적인 유대교와 보수적인 유대교, 진보적인 유대교의 예배 방식이 각각 다릅니다. 어떤 곳은 전통적으로 하고, 어떤 회당에서는 기타와 드럼을 치며 예배합니다.

예배 방식의 변화는 어느 정도 수긍이 가는 일입니다. 특히 미디어의 발달로 문명의 이기가 교회당으로 들어올 수밖에 없는 것이 현실입니다. 500년 전만 해도 종교개혁자 장 칼뱅이 피아노를 예배당에서 사용 금지할 것을 주장했지만, 지금은 모든 기독교 예배당에서 사용하고 있습니다. 50~60년 전에는 한국 교회가 선진 문화를 사회와 세상에 알려주는 역할을 담당했지만, 이제는 한국의 사회와 문화가 교회와는 비교할 수 없이 발전하고 있어 교회가 사회에 전수할 것이 거의 없습니다. 도리어 어떤 것은 배워야 합니다.

결론적으로, 교회는 폐쇄적이고 고정적인 사고방식을 지닌 특수 집단이라는 점을 감안하셨으면 합니다. 복음성가나 CCM을 이해하려고 노력하거나, 정말 견디기 어렵다면 다른 교회를 찾아가보십시오.

10

선교사가 되면 다른 종교를 이해해야 하나요?

Q 고등학교 1학년 때부터 선교사라는 꿈을 가졌고, 이를 목표로 열심히 신앙생활을 하고 있습니다. 최근에 기도를 하면서 교회의 부흥에 대해 걱정하지 말라는 하나님의 음성과 환상을 보았습니다. 그런데 독실한 불교 신자인 담임 선생님이 선교사라면 당연히 다른 종교도 이해할 수 있어야 한다고 말씀하십니다. 다른 종교를 이해하면 어떻게 전도를 하고 기독교로 개종을 하라고 전도하겠습니까? 무척 염려스럽고 고민이 됩니다.

A 예, 좋습니다. 아주 희망차고 보람찬 계획을 가지고 있군요. 저도 기쁘고 감사합니다. 죽어가는 생명을 살리려고 복음을 전하고 학교와 병원을 세우는 등 하나님의 나라가 확장되는 데 큰 역할을 담당할 수도 있기 때문입니다.

왜 선교사라는 꿈을 가지게 되었는지는 모르지만, 선교사는 낭만적이거나 쉬운 사역이 아니라는 것을 심사숙고해서 결정해야 합니다. 우리나라와는 다른 언어, 문화, 환경에 적응하기가 어려운 데다 때로는 물질적으로 빈곤한 생활을 하기도 합니다. 또한 결혼해서 자식을 낳을 경우 자식들도 매우 가난하고 열악한 생활을 견뎌야 한다는 것을 고려해야 합니다. 심지어는 하나뿐인 생명을 내놓아야 하는 상황도 각오해야 합니다.

그렇기 때문에 막연히 꿈이나 비전만으로 접근하는 것은 위험합니다. 일부 선교단체에서 어린 학생들에게 비전과 꿈을 심어준다는 취지 아래 선교에 대한 확신을 은근히 종용하는 경우가 있다는 것을 알고 있습니다. 선교사가 되려면 하나님과 예수님에 대한 확고한 믿음이 있어야 하지만 물질적인 후원도 반드시 필요합니다. 또 선교 국가의 언어도 습득해 현지인들과 어느 정도는 대화를 할 수 있어야 합니다. 물론 영어 회화도 기본적인 수준은 되어야 합니다. 그래서 학교에서도 공부를 등한시하지 않고 열심히 해야 합니다. 사실 세상 친구들보다 더 열심히 노력하고 공부해야 합니다. 신앙생활과 공부를 병행하다 보면 시간이 많이 부족할 것입니다. 단순히 선교에 대한 열정과 뜨거운 가슴에 치중해 신학 공부도 대충 하고 선교에 나섰다가는 낭패를 보기 십상입니다.

기독교는 환상이나 꿈, 하나님의 직접적인 목소리로 이루어지는 종교가 아닙니다. 구약시대에는 성경이 없었으므로 하나님이 직접 현현하시기도 하고 선지자를 통해 환상, 꿈으로 말씀하시기도 했습니다. 그런데 예수님이 오시고 성경이 완성된 이후의 종교적 체험에는 주의가 필요합니다. 그것은 개인의 체험이나 간증에 머물러야 합니다. 그런 것들이 개인적으로는 신앙의 활력소가 되고 힘이 되는 것은 사실이지만, 이를 다른 신자들에게 공개하는 것은 바람직하지 않습니다. 자칫 신비주의자라는 오해를 받거나 다른 신자들을 열등감으로 몰아넣을 수 있기 때문입니다.

그런 신비적인 현상들은 무당, 불교, 이슬람교, 심지어는 이단들에게도 일어나는 것임을 기억하십시오. 설사 하나님이 내게 나타나셔서 말씀하셨다 해도 성경적 기준으로 비추어보고 검토해야 합니다. 성경적이 아니라면 과감히 버려야 합니다. 언제나 성경이 기준이 되어야 합니다. 그런데 성경을 모르니 판단하기 어렵다는 것이지요.

마지막으로, 학교 선생님이 믿는 불교의 스님과 불자는 대부분 다른 종교를 인정합니다. 다른 종교를 이해하고 받아들입니다. 개종을 별로 강요하지 않습니다. 그러니 선생님이 그런 식으로 말할 수밖에 없지요. 그래서 불교인들은 천주교 신부님과는 가깝게 잘 지냅니다. 그러나 기독교(개신교)의 목사님과 선교사님들은 대부분 스님과 교제하지 않습니다. 다만 국가적으로 사회적으로 어려운 일이나 사건을 해결하기 위해서는 그들과 함께 일할 수 있습니다. 회사나 사업체에서 함께 일하는 것과 비슷한 이치입니다.

선교사가 되려면 다른 종교를 이해해야 한다는 표현은 잘못된 것입니다. 물론 타종교인을 전도하기 위해 다른 종교를 공부할 수는 있습니다. 드물지만 다른 종교를 공부하는 목회자들도 있습니다. "지피지기(知彼知己)면 백전백승(百戰百勝)"이라는 말이 있습니다. "적을 알고 나를 알면 백 번 싸워도 백 번 승리한다"는 뜻입니다, 불교인을 전도하려면 불교를 알 필요가 있습니다. 불교의 약점을 지적하면 대부분의 불자들은 매우 당황하고 고민합니다. 최소한 불교 교리의 맹점을 알게 되지요.

이제 이 글을 읽고 나는 지금 어떤 위치에 있는지 고민해보십시오. 내가 정말 기독교인이 맞는지 생각해보라는 겁니다. 지금 학생에게 가장 중요한 것은 공부입니다. 선교사가 되더라도 목사가 되어 선교를 하는 것과 일반신자로서 선교를 하는 것은 천지차이입니다. 요즘은 이상한 선교단체들이 학업이나 회사를 중단하게 하고 선교사로 보내는 일이 빈번해서 교회를 어지럽히고 있습니다. 매우 경계해야 할 일입니다.

일반 대학교에 가서도 열심히 공부하고 훌륭한 기독교인이 되어 사회에 좋은 영향력을 끼치면서 얼마든지 전도할 수 있고 선교할 수 있으며 하나님께 영광을 올릴 수 있습니다. 그래도 꼭 선교사가 되고 싶다면 많이 기도하고 고민해본 뒤에 결정하십시오. 다른 사람들도 내가 선교사가 되는 데 찬성하는지 확인해보기를 바랍니다.

11

성령훼방죄로 자살할 것 같아요

Q 어릴 때 외모로 놀림받은 일이 상처로 남아 외모에 집착하며 살아왔습니다. 얼마 전 성령님이 주시는 것인지 내 마음의 소리인지는 모르지만 "화장도 하지 않은 얼굴로 다니고 옷도 대충 입고 다니라"는 음성을 들었습니다. 하지만 외모에 집착하는 저는 그 음성에 반발해 하나님을 욕하고 미워하다가 공황장애까지 왔고, 자살 충동까지 느끼고 있습니다. 제가 성령훼방죄를 범한 것 같아 너무 괴롭습니다. 이러다 지옥에 가는 것 아닌가요?

A 외모에 열등의식이 있었군요. 여자들은 거의 대부분 자신의 외모에 조금씩은 열등의식을 가지고 있습니다. 더 예뻐지려는 욕심도 있고요. 외모에 대한 관심이 잘못은 아니라는 점을 먼저 기억하십시오. 그런 마음도 하나님이 주신 것입니다.

21세기를 살아가는 기독교인 가운데 우상이 없는 사람은 없다고 보면 됩니다. 누구나 한두 가지의 우상은 가지고 있다고 해도 과언이 아닙니다. 혼합주의 신앙이라는 것이지요. 우리나라는 특히 자본주의가 온 나라를 점령하고 있습니다. 대통령부터 시작해서 어린아이까지 돈에 미쳐 돌아갑니다. TV 뉴스를 보면 돈이 관련되지 않은 기사가 거의 없습니다. 돈, 맘몬(Mammon)이라는 우상이 최고의 우상입니다. 부모도 자식도 필요 없고 돈이 최고인 세상인 것입니다.

사탄은 도깨비나 귀신의 얼굴을 하고 나타나는 게 아니라 돈이라는 맘몬을 가지고 우리에게 나타납니다. 돈 때문에 사람을 속이고 죽이기도 하지만 돈 때문에 자살하기도 합니다. 사람들은 돈이라는 우상 외에도 명예, 외모, 학벌, 건강, 지식, 지혜, 섹스 등 자기만의 우상을 한두 가지씩은 가지고 있습니다.

목사에게도 우상이 있습니다. 대형교회당 건립, 많은 신자, 헌금이 우상이 될 수 있으며 노회장이 되고 더 나아가 총회장이 되고 싶은 욕심도 거의 다 가지고 있습니다. 『신약』을 보면 '탐심(貪心)' 등 정신적 영역까지 우상으로 규정하고 이를 숭배하는 것을 엄격히 금하고 있습니다(에베소서 5:5 / 골로새서 3:5). 사실 식욕, 수면욕, 성욕 같은 것은 누구나 가지고 있으니 우리 모두 우상을 섬기고 있다고 볼 수 있을 것입니다.

그러므로 외모에 대한 관심이 지나치다고 해도 이를 우상이라고 생각지 않는 것이 정신 건강에 이롭습니다. 다만 외모에 대한 열등감과 트라우마로 인해 다른 사람보다 더 외모에 관심이 많다는 선에서 그치는 것이 바람직합니다. 더 이상 확대해석을 하지 마십시오.

우리는 모두 죄인입니다. 우리는 하나님이 주신 율법과 계명을 지켜서 구원을 받는 것이 아니라 예수님의 십자가 공로에 의해 믿음으로 구원을 받습니다. 나의 선한 행위나 말로 구원을 받는 것이 아니라는 말입니다. 하나님은 내가 잘못했다고 해서 집에서 쫓아내거나 나를 버리지 않습니다. 자식이 살인이라는 끔찍한 죄를 짓고 감옥에 있어도 호적에서 파버리거나 부모자식 간의 연을 끊어버리는 부모는 없을 것입니다.

성령훼방죄라는 죄책감을 불어넣은 장본인은 사탄입니다. 사탄이 공격해서 하나님과 멀어지게 하고, 외모에 대한 지나친 관심을 구실로 죄책감을 불어넣는 것이지요. 죄책감은 옳지 않습니다. 죄책감은 사탄이 주는 마음입니다. 지금 자매님이 하나님을 미워하고 원망하는 것은 지극히 정상적인 현상입니다. 누구나 그럴 수 있습니다. 저도 하나님께 삿대질도 해봤고, 심지어 욕을 한 적도 있습니다. 저도 다시는 하나님을 믿지 않겠다고 맹세했습니다. 성경책도 던지고 찢어버리기도 했고 쓰레기통에 버리기도 했습니다. 그러던 제가 지금 이렇게 회개하고 목사가 되어 있습니다.

하나님은 자비로우시고 은혜가 많으시고 오랫동안 참으시고 기다려주시는 분입니다. 하나님의 사랑을 느끼려면 누가복음 15장에 나오는 탕자와 아버지의 이야기를 보면 됩니다. 살아 있는 아버지에게 유산을 미리 당겨 써버린 못된 둘째 아들 이야기입니다. 그는 유산을 가지고 허랑방탕하게 살다가 빈털터리가 되어 돼지의 먹이마저 배부르게 먹지 못하는 가련한 신세가 됩니다. 그러자 아버지 집에서 종노릇이라도 하려고 집으로 돌아옵니다. 그런데 예상과는 달리 아버지는 돌아온 아들을 껴안고 춤을 춥니다. 최고로 좋은 옷을 입히고, 가락지를 끼어주고, 살진 송아지를 잡아 동네 사람들을 불러 먹고 마십니다. 이런 아버지가 바로 자매님의 하나님 아버지 이심을 반드시 기억해야 합니다.

성령훼방죄란 이단이나 사이비종교로 가는 사람들을 의미한다고 보면 될 것입니다. 그런 사람들이라도 죽기 전에 진심으로 회개하고 돌아오면 하나님은 이들을 용서해주실 것입니다. 아니, 용서하십니다. 성령훼방죄를 짓는다고 신자들에게 겁을 주고 성경을 엉터리로 해석해 '촛대를 옮긴다(실제는 교회를 떠난다는 의미)'고 협박하는 목사들이 있다는 것을 알고 있습니다. 어제도 청년들이 많이 모이는 것으로 소문난 교회의 K목사가 기독교방송에서 성령훼방죄에 대해 엉터리로 설교하는 것을 들었습니다.

자매님은 성령훼방죄를 범하고 있지 않습니다. 지옥에 가지 않으니 마음 놓고 신앙생활을 하십시오.

12
아이들이 교회에 가면 졸거나 잡니다

Q 중고등학교에 다니는 아이들이 둘 있습니다. 작은아이는 신앙이 건실한 편인데, 큰아이는 제 강요로 간신히 교회에 가는 수준이고 설교 중에 졸기만 합니다. 큰아이를 지금처럼 억지로 교회로 데려가는 게 좋을까요? 아니면 집에서 쉬라고 하는 게 좋을까요?

A 얼마나 고민이 되실지 짐작하고도 남습니다. 요즘 주일학교가 없는 교회가 50%나 된다고 합니다. 중고등부도 별로 차이가 없습니다. 매년 눈에 띄게 중고등부 학생이 줄어들고 있습니다. 아마 10년쯤 뒤에는 중고등부가 없는 교회도 70~80%가 될 것입니다.

모태신앙의 경우 대부분의 아이들이 자신의 의사와 관계없이 교회에 가며, 어떤 아이들은 부모의 강압이나 협박에 떠밀려 어쩔 수 없이 예배에 참석합니다. 교회에 자발적으로 나오는 아이들은 거의 없고 대개는 친구가 전도해서 교회에 나옵니다.

아이들은 왜 교회에 가기 싫어할까요? "학원에 가야 한다", "재미가 없다", "설교가 지겹다", "친구가 없다" 등 이유도 다양합니다. 아이들이 교회에 가기 싫어하는 이유 중 가장 심각한 것은 부모의 일관적이지 못한 태도입니다. 예를 들어 평소에는 교회에 가라고 하다가 시험 기간에는 교회에 가지 말고 학원에 가라고 합니다. 심지어 고3 때는 교회에 가지 말고 대학교에 입학하면 가라고 하는 경우도 있지요. 그렇기 때문에 올바른 신앙으로 성장하기 어려워 대학교에 입학하면 교회를 떠나는 경우가 많습니다.

그렇다면 교회 예배에 참석하는 아이들은 어떨까요? 목사가 설교할 때 아이들의 반 이상은 졸거나 잡니다. 나머지 아이들은 눈은 뜨고 있지만 어떤 생각을 하는지 알 수 없습니다. 또 적잖은 아이들이 휴대폰으로 카톡을 하거나 게임을 합니다. 그러니 예배 후 분반 공부 때 그날 설교 내용을 물어보면 대부분이 제대로 답변을 하지 못합니다.

복음을 머리로는 알아도 머리에서 가슴까지 내려오는 데는 시간이 필요합니다. 머리부터 가슴까지는 불과 30cm 거리지만 내려오는 데 수년, 아니 수십 년이 걸리기도 합니다. 신앙은 억지로 강요한다고 되는 것이 아닙니다. 주로 고난, 슬픔, 아픔, 실패가 따를 때 하나님께 돌아오고 그때부터 믿음이 자라는 경우가 많습니다. 무엇보다 꾸준한 기도가 필요합니다. 특히 하나님은 자식을 위한 어머니의 기도에 반드시 응답하십니다.

예배 시간에 잔다고 야단을 치거나 눈치를 주지는 마십시오. 그냥 편안하게 졸거나 자게 내버려두십시오. 엄마가 눈치를 주거나 창피하다고 말하면 아이는 오히려 더 반발할 것입니다. 저도 음악회에 가서 졸거나 잘 때가 있습니다. 음악을 좋아하지만 잠이 오는 것을 어떻게 하겠습니까? 하지만 제가 좋아하는 음악이 나오는데 잠을 잔 적은 거의 없습니다. 어찌 보면 성도가 졸거나 자는 것은 목회자에게도 책임이 있습니다. 명강사가 진행하는 강연에서 자는 사람이 없듯 명설교자가 설교를 할 때 조는 사람은 거의 없습니다. 그러니 아이에게 책임을 전가하지 않는 것이 좋습니다. 목사의 책임도 있으니까요.

저도 다른 목사의 설교를 들으면 멍해질 때가 있고 가끔 졸기도 합니다. 왜 그럴까요?

첫째, 몸이 피곤합니다.
둘째, 토요일에 늦게 잠자리에 들었기 때문입니다.
셋째, 목사의 설교가 지루하거나 흥미롭지 않기 때문입니다.
넷째, 마음이 편안하기 때문입니다.

교회에서 신실하게 예배하지 않는다고 해서 교회에 가지 말고 집에서 쉬라고 하는 것은 바람직하지 않습니다. 강요는 금물입니다. 토요일 저녁이나 주일 아침에 교회에 가자고 딱 한 번만 말씀하십시오. 그러고는 큰아이에게 교회에 갈지 말지 선택권을 주는 것입니다. 만약 자발적으로 교회에 나간다면 "할렐루야!"입니다. 반대로 교회에 출석하지 않는다면 기다리십시오. 언젠가 하나님의 손길이 마음에 닿으면 알아서 교회에 나올 것입니다. 그러니 기도하십시오. 그리고 기독교인다운 삶의 모습과 모범을 자녀에게 보여 주십시오.

노파심에 드리는 말씀인데, 혹시라도 작은아이 앞에서 두 아이를 비교한다거나 큰아이를 꾸짖지는 마십시오. 이는 가장 피해야 할 상황입니다. 자녀들은 비교의 대상이 아니라 사랑과 관심의 대상입니다. 야곱의 가정도 형제를 비교하고 차별하는 바람에 요셉을 팔아넘기는 비극이 발생했다는 것을 기억하십시오.

13

예쁜 친구 아내를 보고 죄책감을 느껴요

Q 친구의 아내를 보고 잠깐 예쁘다고 생각한 적이 있습니다. 그 뒤로 '왜 집사람을 두고 못된 생각이 들었을까?' 하는 죄책감에 시달리고 있습니다. TV에 나오는 여자 연예인들을 보면 예쁘다는 생각이 들어도 죄책감이 없는데, 친구의 아내라서 그런지 죄책감에서 헤어나오지 못하고 있습니다. 기도를 해도 좀처럼 저 자신이 용서되지 않아서 무척 힘들고 괴롭습니다.

A 형제님이 아내를 많이 사랑한다는 것을 느낄 수 있네요. 아내를 사랑하는데도 친구의 아내를 보고 예쁘다는 느낌이 들었다는 것이지요. 아마도 그때 형제님의 마음이 흔들리고 말과 행동에도 제약이 있었으리라 봅니다. 얼굴이 빨개지고, 말이 어눌하거나 가슴이 뛰기도 했을 거고요.

건강한 남자라면 누구나 가질 수 있는 감정이라는 것을 아는 것이 중요합니다. 나만 그런 게 아니라는 것이지요. 저 같은 늙은 목사도 예쁜 여자를 보면 예쁘다고 느낍니다. "기왕이면 다홍치마"라고 사과도 예쁘고 흠집이 없는 것을 좋아합니다. 흠집이 있고 못생기고 썩은 사과를 누가 사려고 하겠습니까?

오래전의 일입니다. 저는 친구 결혼식의 사회를 보았습니다. 예식 시작 전 순서를 확인하고 있는데, 갑자기 여기저기서 웅성거리는 소리가 들렸습니다. 무슨 일이 생겼나 싶어 고개를 들었을 때 저는 깜짝 놀랐습니다. 당시 최고 인기를 누리던 여배우 황신혜 씨가 결혼식에 참석했던 것입니다. 속으로 '참으로 예쁘구나!' 하고 감탄했지요. 그런데 그때 무척 흥미로운 장면이 포착되었습니다. 황신혜 씨 앞자리에 앉은 친구가 안절부절못하는 게 눈에 들어왔던 것입니다.

저는 그 친구를 유심히 관찰했습니다. 친구는 심호흡을 하고 넥타이를 다시 매고 자리도 다시 고쳐 앉는 등 평소와는 다른 모습을 보였습니다. 얼굴도 빨개졌고요. 재미있는 것은 그 친구 옆에 결혼한 지 얼마 안 된 아내도 있었다는 것입니다. 예수님을 아주 잘 믿는다고 소문나기도 했던 그 친구에게 나중에 그 상황을 설명했더니 친구는 시치미를 뚝 뗐습니다. 그런 일이 없었다고 말이지요.

왜 지난 이야기를 하느냐 하면, 그런 감정은 남자라면 누구나 가지는 건강하고 정상적인 감정이라는 말을 하기 위해서입니다. 오히려 그런 감정이 없으면 문제가 있다는 것이지요.

사실 한국 사회, 특히 남자들의 세계에서는 친구의 여자에게 흑심을 가지면 나쁜 놈이라는 인식이 자리를 잡고 있습니다. 미국 같은 나라에서는 친구의 아내가 예쁘면 예쁘다고 표현하지만, 한국 사회에서는 그런 말을 하기 어렵습니다. 문화적 차이도 있는 거죠.

우선 하나님께 감사하십시오. 볼 수 있는 눈을 주신 하나님, 예쁜 여자를 보고 예쁘다고 느낄 수 있는 세밀한 감정을 주신 하나님께 감사하십시오. 언젠가는 그런 감정조차 느끼지 못하는 시기가 오니까요.

"사촌이 땅을 사면 배가 아프다"는 속담이 있습니다. 맞습니다. 나와 가까운 사촌이 땅을 사면 시기와 질투심으로 배가 아픈 게 당연합니다. 그런데 축구선수 손흥민이 연봉 1,000억 원을 받아도 내 배는 아프지 않습니다. 그저 부럽다, 대단하다고 생각할 뿐 그것으로 내 마음이 아프고 쓰리지는 않습니다.

하지만 내 친한 친구, 그것도 학창 시절 나보다 공부도 못했고 외모도 나보다 못한 친구가 연봉 2억 원을 받으면 배가 아픕니다. 그런 친구가 수천만 원짜리 밍크코트를 입고 외제 자가용에 기사까지 대동하고 여고동창회에 나타나면, 그날은 스테이크를 써는 맛이 느껴지지 않습니다. 내 남편이 무능하고 미워집니다.

동종의 이웃집 가게가 대박이 나고 우리 집 가게에 손님이 없으면 평소에 아무리 친하게 지냈어도 배가 아프고 속이 쓰리게 마련입니다. 하지만 TV에 나오는 어떤 사람이 일이 잘되어 월 10억 원을 번다고 해도 나는 배가 아프지 않습니다. 같은 부모님의 자식으로 태어나고 자란 형제나 자매가 큰 평수의 아파트를 샀는데 나는 여전히 월세 신세를 면치 못하고 있다면 어떨까요? 겉으로는 "축하해" 하고 말하지만 배가 아프고 질투심이 일어나는 게 인지상정입니다.

마찬가지로 나와 관계있는 친구의 아내에게 잠깐 이상한 생각을 했기 때문에 죄책감을 느끼는 것입니다. 비근한 예로 형수를 보고 예쁘다고 생각하면 죄책감을 가지지만, 지나가는 예쁜 여자에게는 음심을 품어도 죄책감을 느끼지 않는 경우가 대부분입니다. 즉, 나와 이해관계가 있거나 친한 사람에게 죄책감, 책임감, 동질감 같은 특별한 감정을 가지는 것은 정상이라고 보면 됩니다.

다른 남자들은 그러지 않을 거라고 생각하면 오산일 가능성이 많습니다. 사람은 대부분 비슷하니까요. 우선 정상적인 감정으로 괴로워하고 있는 나를 위로하고 위안하기 바랍니다. 직접 말로 하는 것도 좋습니다. 죄책감이 밀려올 때마다 "괜찮아, 괜찮아" 하고 말하십시오. 또한 되도록 친구 아내와 만나는 모임은 멀리하는 것이 좋습니다. 그러면서 하나님께 내 느낌과 생각을 솔직히 털어놓으십시오. 한두 번으로 끝내는 것이 아니라 그런 감정이 생길 때마다 기도하십시오. 걱정할 필요 없습니다. 걱정하고 힘들어하는 것은 사탄이 좋아하는 전술입니다.

14

조상이 지은 죗값을 후대가 치러야 하나요?

Q 담임목사님께서 우리가 구원을 받았더라도 이미 지은 죄의 대가는 하나님이 반드시 형벌이나 고난을 통해 당대가 아니면 후대에라도 당하게 하신다고 설교하십니다. 이런 설교가 옳은가요?

A 조상의 죄가 자손에게 대물림된다는 것은 성경적이지 않습니다. 자신의 죄가 자신에게나 후손에게 대물림될 수 있다는 것은 가계저주론인데, 이는 매우 잘못된 주장입니다.

성경에서 이런 주장을 뒷받침하는 것 같은 구절이 출애굽기 20장 5절입니다. "죄를 갚되 아버지와 아들에게 삼사 대까지 갚겠다"는 내용이지요. 그러나 이는 다음 구절인 20장 6절의 "나를 사랑하면 천대까지 은혜를 베푼다"는 구절과 대치됩니다. 그런데 왜 이 구절은 해석하지 않고 건너뛰는지 모르겠습니다.

가계저주론은 우리나라의 전통적인 무속이나 불교에서 쓰이는 '업(karma)'과 관련되어 있는 것으로 보입니다. 자신의 현재와 미래,

심지어는 현재 삶의 괴로움과 고통이 전생(前生)의 결과라고 합니다. 물론 자신이 예수님을 잘못 믿으면 그 영향력이 3~4대까지 갈 수도 있다는 말을 어느 정도는 이해할 수 있습니다. 잘못된 습관과 행동과 생각이 이어질 수도 있고, 잘못된 신앙도 후대로 이어질 수 있다는 것이지요. 그러나 예레미야 31장 29~30절에서 "아버지가 신 포도를 먹어도 아들들의 이가 시다 하지 않겠다"고 하나님이 강조하신 대로 저주가 후대에까지 이어지지는 않는다는 것을 알 수 있습니다.

예를 들어봅니다. 이스라엘의 마지막 사사요 재판장이었던 사무엘의 아들 요엘과 아비야는 망나니였습니다(사무엘상 8:3~5). 위대한 이스라엘의 영도자 모세의 아들인 게르솜과 엘리에셀과 그 후손도 별로 신통치 않았습니다(역대상 23:15~17). 한편 성군(聖君)이었던 히스기야의 아들인 므낫세는 악한 왕이었고 그 아들인 아몬도 악한 왕이었으나 아들인 요시야는 성군이었습니다.

이는 가계저주론이 잘못된 주장이라는 것을 증명하고 있습니다. 하나님을 잘 믿으면 복이 천대나 갑니다. 문자적으로 몇 억 년이 유지된다는 말이지요. 그중 3~4대는 아무것도 아니요, 발에 붙은 껌 조각입니다. 가계저주론은 하루빨리 한국 교회에서 사라져야 할 것 중 하나입니다.

한편, 우리가 예수님을 믿고 회개한 뒤에 생긴 질병이나 사고 같은 것을 반드시 '벌'이라고 볼 수는 없습니다. 심지어 예수님은 맹인이 된 이유를 "조상의 죄가 아니라 하나님께 영광을 돌리기 위함"이라고 하셨습니다(요한복음 11:4). 당시 유대인들은 맹인이나 귀머거리 같은 신체장애를 조상의 죄라고 했지만 예수님은 이를 부정하셨습니다.

Chapter 02

교회 상담

01

교회에서 임직의 권면을 거절할 수 있나요?

Q 임직의 정의는 무엇이고, 임직을 받는 성도의 조건은 무엇이며, 임직의 권면을 거부한 성도의 행위는 정당한 것인지요? 임직을 받을 만한 자신도 믿음도 없어서 거절하고 싶습니다.

A 임직이라 하면 개념이 좁아집니다. 임직이라고 하면 『교회용어사전』에 잘 나와 있습니다만, 이런 내용을 질문하는 것은 아니라고 봅니다. 장로나 권사, 집사가 되는 조건과 자격은 각 교단의 헌법과 교회의 정관에 이미 잘 설명되어 있으니까요. 또 임직을 거부한 성도의 행위를 비판하거나 비난할 필요는 없습니다. 임직은 직분과 연결되므로 본인에게 믿음, 자격, 능력이 없다고 생각한다면 반드시 수용할 필요는 없다고 봅니다.

다음은 임직의 정의입니다.

사전적으로는 '벼슬을 맡김'이란 뜻. 목사·장로·권사·집사에게 직분을 수행하도록 권한을 부여하는 일. 목사는 노회가 임직하나, 장로는 노회의 고시 승인 후에 교회가, 권사와 집사는 당회 결의로 교회가 임직한다. 이때 장로와 집사는 안수로 임직하나 권사는 안수 없이 임직하며(장로교 통합·기장은 안수함), 예식은 교단이 정한 법에 따라 이루어진다.

_『교회용어사전』: 행정 및 교육, 생명의말씀사(2013)

임직보다는 직분이라고 칭하는 것이 조금 더 설명하기 쉬울 것 같습니다. 직분의 헬라어는 '디아코니아'로서 봉사와 섬김을 뜻합니다. 직분이라는 용어는 잊어버리고 간과하기 쉽지만 매우 중요합니다. 집사, 권사, 장로, 목사 등 교회의 모든 직분은 낮은 곳에서 약한 지체를 섬기고 보살피고 도와주는 것이지 결단코 지시하거나 군림하는 것이 아니라는 말입니다. 이를 잊어버리기 때문에 교회의 직분이 계급, 진급, 출세로 간주되고 있는 것이지요. 직분의 정의는 섬김, 봉사라는 것을 꼭 기억했으면 합니다.

그런데 한국 교회에서는 아직도 장로를 출세하거나 지배하는 자리로, 권사를 신자를 지도하고 판단하는 자리로 착각하는 경우가 많습니다. 목사도 마찬가지입니다. 목사의 어원은 '작은 자'요, '종'이요, '노예'라는 의미입니다. 양을 잘 돌보고 기르면서 꼴을 먹이고 물가로 인도하는 역할을 하는 목동(牧者)이 바로 목사의 의미지요.

성경에는 직분과 관련한 구절이 많은데, 에베소서와 고린도전서에 나오는 구절을 들어 이야기하고 싶습니다.

먼저 에베소서 4장 7절과 11~13절을 보겠습니다.

7 우리 각 사람에게 그리스도의 선물의 분량대로 은혜를 주셨나니 11~13 그가 어떤 사람은 사도로, 어떤 사람은 선지자로, 어떤 사람은 복음 전하는 자로, 어떤 사람은 목사와 교사로 삼으셨으니 이는 성도를 온전하게 하여 봉사의 일을 하게 하며 그리스도의 몸을 세우려 하심이라 우리가 다 하나님의 아들을 믿는 것과 아는 일에 하나가 되어 온전한 사람을 이루어 그리스도의 장성한 분량이 충만한 데까지 이르리니

다음은 고린도전서 12장 5~7절의 말씀입니다.

직분은 여러 가지나 주는 같으며 또 사역은 여러 가지나 모든 것을 모든 사람 가운데서 이루시는 하나님은 같으니 각 사람에게 성령을 나타내심은 유익하게 하려 하심이라

직분은 은혜의 선물로서 신자의 분량대로 주님이 주시는 것입니다. 즉, 본인에 맞게 주시는 선물이라는 것입니다. 그런데 그 선물은 첫째, 봉사하고 섬기는 것이요 교회의 공동 유익을 위한 것입니다. 둘째, 성도를 온전하게 하는 것입니다. 봉사하고 섬김으로써 주

님 앞에 온전히 서는 사람이 되는 것이지요. 여기서 주의해야 할 것은 완전이 아니라 온전이라는 점입니다. 셋째, 그리스도의 몸을 세우는 것, 즉 교회를 세우는 것입니다. 그런데도 적지 않은 직분자들이 교회를 세우는 것이 아니라 자신을 사람 앞에 드러내서 욕을 먹게 되지요.

직분은 봉사요 섬김입니다. 봉사를 뜻하는 영어는 서비스(service)인데, 어원은 슬레이브(slave)로서 노예, 종을 말합니다. 슬라브(Slav)족이 중세에 노예가 된 데서 유래한 단어지요. 다시 말해 봉사자는 종입니다. 종은 돈을 요구하지 못합니다. 생명도 주인에게 달려 있으니까요. 여기에서 직분자가 어떤 정신 자세로 임해야 하는지 알 수 있습니다.

그러므로 직분자의 봉사에는 자발성, 무보수성, 지속성이 강조됩니다. 직분이 군림하거나 섬김을 받는 자리가 아니라 도리어 섬기고 경청하고 공감하는 자리가 되기를 원합니다.

02
구역장이 구역모임에서 군림하려고 듭니다

> **Q** 구역예배 때 성경을 읽고 느낀 점을 이야기하면 구역장에게 비난을 받는 경우가 많습니다. 구역장이 자꾸 뭔가를 가르치려고 들어서 제가 일상에서 경험한 하나님 은혜나 성경을 읽으며 든 생각을 자유롭게 이야기하기가 점점 불편해졌습니다. 그래서 어느 순간 입을 닫게 되었고, 구역예배가 제게는 자유, 즐거움, 기쁨이 아니라 견디고 인내하는 시간이 되었습니다. 게다가 신앙적으로 대화할 수 있는 사람도 없어서 외롭습니다.

A 이해합니다. 교회 안에서 자신과 신앙적으로 맞고 교제를 나누고 싶은 사람을 만나기는 그리 쉽지 않습니다. 올바른 신앙을 가진 신자는 믿음이 올바르고 신실한 믿음의 동지를 만나기가 더욱 어렵습니다. 먼저 자매님만 겪는 일이 아니라는 점을 이해하는 것이 좋습니다. 예수님을 대충 믿고 사교적으로 만남을 가지려 한다면 아마도 주위에 사람들이 많을 것입니다. 부동산과

자식 자랑, 남편 자랑을 늘어놓는 교회 친구들은 아주 많다는 것이지요. 보수적인 교회나 진보적인 교회나 가릴 것 없이 대개가 그런 성향을 가지고 있다는 것입니다.

교회 안에 한두 명이라도 신앙의 방향이 같고 생각이 비슷하고 마음 맞는 사람이 있으면 교회에 잘 적응한다고 합니다. 어쩌면 현재 섬기는 교회의 교인수가 적어서 더욱 마음에 맞는 사람을 만나기가 어려울 수도 있습니다. 그런데 교회 안에서는 어쨌든 교제의 폭을 넓혀야 합니다. 열 살, 심지어 스무 살이 차이 나도 언니 동생 하며 잘 지내는 것이 좋습니다. 남성도 나이가 많으면 사석에서는 형님 동생 하는 것이 바람직합니다. 교회에서는 나 자신을 낮추고 죽이지 않으면 친구를 얻을 수 없습니다.

그럼에도 같은 길을 걷는 신앙 친구를 만나기는 쉽지 않습니다. 그래서 배우자가 신앙의 동지가 되는 것이 가장 바람직하다고 봅니다. 아니면 건전한 신앙카페에서 활동하는 것도 좋은 신앙 친구를 만나는 계기가 될 수 있습니다.

구역장(순장, 목자, 리더)이 가르치려는 태도를 보이는 것은 사실 어쩔 수 없는 면이 있습니다. 교회에서도 구역장에게 구역원들을 교육시키라고 하니까요. 한국 교회의 구역장 제도는 물론 바람직한 면도 있지만, 구역장에게 어떤 권한과 의무를 부여하는 것은 문제점으로 대두됩니다. 구역장이 일종의 계급이 되어 구역원 위에 군림할 수도 있으니까요.

구역장은 교회에서 받은 공과책을 가지고 그 안에서만 말씀을 전해야 합니다. 따라서 의견이 다른 구역원들의 질문이나 해석을 수용하지 않는 경향이 있습니다. 자유롭게 토론하는 분위기가 조성되지 않는다는 것은 한국 교회의 큰 문제점 중 하나입니다. 더 나아가 담임목사님이 설교한 내용에 대해 토론하거나 건전한 비판을 하는 것을 허용하는 교회는 거의 없습니다.

예수님은 대화할 때 질문을 많이 하셨습니다. 하지만 한국 교회는 유교적인 영향으로 인해 질문을 하지 않는 문화가 퍼져 있습니다. 질문하는 사람을 싫어하지요. 결국 구역장의 인격과 성품이 구역예배를 좌우합니다. 구역장은 마음이 여유롭고 넓으며 공감을 잘하는 사람이 되어야 합니다. 하지만 그런 구역장을 만나기는 쉽지 않습니다.

이런 방법을 제안합니다.

첫째, 구역장과 단둘이 만나서 이야기하는 방법입니다. 사석에서 만나 맛있는 것을 먹으며 허심탄회하게 대화하면 문제가 대개는 해결됩니다.

둘째, 둘이 만나는 방법이 효과가 없을 경우 교회에 보고해 구역을 바꾸는 것입니다. 이때 기존 구역장이 오해하지 않도록 주의해야 합니다.

셋째, 이것도 저것도 안 되면 구역모임에 참석하지 않는 방법입니다. 구역모임에 참석하지 않는다고 해서 특별한 문제가 생기는 것은 아니니까요. 몇 개월에 한두 번 참석하는 것은 어떨까요?

넷째, 어느 교회에 가도 구역장과 충돌할 수 있으니 내가 변해서 이해하고 수용하는 것입니다. 이 방법이 최고입니다.

중요한 것은 이런 문제로 교회를 떠나거나 다른 교회로 옮기는 것은 바람직하지 않다는 것입니다. 다른 교회에 가도 대부분 마찬가지입니다. 그곳에도 비슷한 구역장이 있을 테니까요. 교회에 가는 가장 큰 이유는 하나님께 예배하는 것입니다. 봉사, 교제, 선교나 전도도 예배가 있고 나서 존재하는 것이지요. 교회는 교제하러 가는 곳이 아닙니다.

마지막으로, 구역모임은 자유로워야 하지만 교제는 신앙 안에서 이루어져야 합니다. 신앙을 떠나서 돈 자랑, 부동산 자랑, 자식 자랑 같은 것은 피해야 합니다. 구역모임은 먹고 마시는 모임이 아닙니다. 간혹 음식을 많이 준비하는 구역원들이 있는데, 아주 간단한 다과로 끝내는 것이 좋습니다.

③

목사님께 실수를 했다고 교회에서 쫓겨났어요

Q 몇 년 전 대형 교회에 등록한 지 얼마 지나지 않아 담임목사님에 대해 말실수를 한 적이 있습니다. "큰사람이 되려면 큰 그릇 아래서 훈련받아야 한다"는 식의 말을 했습니다. 그 말이 담임목사님 귀에 들어갔는지 화가 많이 나셔서 청년부 목사님이 저를 불러 엄청 화를 내고는 교회에 오지 말라고 하더라고요. 제가 죄송하다고 말씀드렸는데 그렇게까지 할 필요가 있었을까 지금도 이해하기 어렵습니다. 게다가 제가 그 목사님한테 잘못해서 저주를 받아 엄마가 암에 걸렸다고 한다는 말을 전해 듣고는 더 큰 충격을 받았습니다. 그동안 온라인 설교만 듣다가 이제야 겨우 출석할 교회를 찾아보겠다는 마음이 생겼는데 다시 상처를 받았습니다.

A 그런 일이 있었군요. 매우 마음이 아픕니다. 우선 형제님이 한 말이 실수인지 아닌지는 판단하기 어렵습니다. 설사 고의적으로 그런 말을 했다고 해도 목사님들의 대처 방법이 지혜롭지 못하

고 이해하기 어렵습니다. 담임목사님과 부목사님이 그렇게 비상식적이고 비인격적으로 형제님을 상대했다는 데 화가 날 정도입니다.

교계에 몰상식하고 권위주의적인 목사님들이 있다는 것을 부인하지 않겠습니다. 형제님이 실수를 했어도 잘못을 뉘우치고 용서를 구하면 반드시 받아주어야 합니다. 예수님이 말씀하신 대로 일곱 번씩 칠십 번, 즉 490번을 용서하지 못할망정 한두 번도 용서하지 못한다면 불신자보다도 못한 사람이 되고 맙니다.

게다가 교회에 나오지 말라고까지 했다면 그것은 하나님께 큰 꾸지람을 들을 만한 교만이자 월권행위입니다. 교회는 목사의 소유가 아닌데 어떻게 그런 말을 할 수 있는지 모르겠습니다. 문득 천주교 미사 도중 포도주를 엎질러 신부에게 욕을 먹은 아이가 자라서 독재자 히틀러가 되었다는 이야기가 떠오릅니다. 저도 목사 안수를 받는 날 모 교회의 담임목사님이 예배당 안에서 뛰노는 아이를 야단치는 것을 보았습니다. 차라리 껄껄 웃으면서 "그래, 더 뛰어놀아라" 하셨으면 좋지 않았을까 하는 생각에 마음이 복잡했습니다. 그 아이들이 자라서 하나님과 교회를 어떻게 생각할까요?

예수님은 "한 영혼이 천하보다 더 귀하다"고 말씀하셨는데, 어찌 일개 목사가 교회에 나오지 말라고 할 수 있을까요? 상상조차 할 수 없는 일이 벌어진 것입니다. 그는 이미 교회 지도자로서 자격을 잃었다고 보아도 됩니다. 게다가 어머니가 암투병 중인데 이를 알면서도 하나님의 심판을 받은 것이라고 말했다면 하나님께 준엄한 심판을 받을 것입니다. 차라리 연자 맷돌을 매고 바다에 빠뜨려지는 것이 더 나을 것입니다(마태복음 18:6). 불신자보다도 못한 짐승들이 하는 말이겠지요. 목사는 어느 신자가 이단 사이비가 아닌 다음에야 아무리 밉고 싫어도 교회를 나가라는 말은 하지 말아야 합니다. 회개하면 사랑으로 받아주어야 합니다.

우리 속담에 "선생 똥은 개도 먹지 않는다"는 말이 있습니다. 목사도 마찬가지입니다. 목사의 속은 하루에도 몇 번씩 뒤집어집니다. 목사님들과 대화하다 보면 별별 이상한 신자가 많은데, 특히 작은 교회일수록 더 심합니다. 아마 저 같으면 당장 목사직을 그만두었을 겁니다.

『구약』 전체를 보아도 하나님은 이스라엘 백성이 우상을 섬기고 하나님을 떠나도 오랫동안 기다려주셨습니다. 참고 기다리다가 회개하면 용서해주시고 회복시켜주셨습니다. 『구약』 전체가 하나님께 죄를 짓고 이웃을 못살게 군 이야기라고 해도 과언이 아닙니다.

『신약』도 마찬가지입니다. 하나님 아버지는 유산을 받고 집을 나가서 허랑방탕하게 살다가 거지가 되어 돌아온 아들도 받아주셨습니다(누가복음 15장). 심지어 그 아들이 돌아오자 살진 송아지를 잡고 잔치를 벌여 동네 사람들을 초청했습니다. 이처럼 하나님은 사랑과 인자와 긍휼이십니다. 우리가 하나님을 버리고 떠나도 우리가 죽을 때까지 기다려주시는 분입니다. 마치 우리 부모님이 죽을 때까지 자식을 사랑하고 아끼듯이 말이지요. 예수님은 나 같은 죄인을 위하여 죄가 없으신데도 십자가에 달려 죽으셨습니다. 그 값어치를 돈으로 환산하면 몇천억이 될 것입니다. 그런데 겨우 몇백만 원 빚진 사람에게 빚을 갚으라고 난리를 친다면 이는 매우 큰 잘못입니다(마태복음 18:21~35).

형제님, 혹시 화가 남아 있다면 다 버리십시오. 제가 대신 사과드립니다. 용서해주시기를 바랍니다. 어원을 따져보면 목사는 군림하는 사람이 아니라 오히려 섬기는 자(pastor)요 작은 자(minister)입니다. 목사는 종입니다. 성도를 섬기는 종입니다. 우리 모든 신자들도 주님의 종입니다. 목사만 종이 아니라 신자들도 기름 부음을 받은 종이라는 것이지요. 하나님이 준엄하게 그 목사들을 심판하실 것입니다.

훌륭한 목사나 좋은 목사를 만나서 신앙생활을 하는 것은 큰 복입니다. 하지만 저를 포함해 많은 목사가 성숙하지 못합니다. 부디 상처를 회복하고 건강한 교회에서 좋은 목사님을 만나기를 기도합니다. 오히려 형제님이 훌륭한 지도자가 되도록 노력하시길 바랍니다. 이는 목사가 되라는 말이 아닙니다. 집사나 장로, 아니 일반신자도 지도자가 될 수 있습니다. 져주는 사람, 겸손한 사람, 바보 같은 사람이 지도자입니다.

힘을 내십시오. 형제님이 다시 교회에 나가는 날, 하나님은 천국에서 살진 송아지를 잡고 덩실덩실 춤추면서 잔치를 벌이고 기뻐하실 것입니다.

04

목사님이 무당처럼 성경 말씀을 해석해요

Q 목사님이 저희 집에 심방을 오셨을 때의 일입니다. 예배 전에 저희 가정의 상황을 이것저것 물으시더니 이 가정에 예상치도 않은 거센 바람이 불고 있다며 마가복음 4장 35~41절로 설교를 하셨습니다. 제자들이 그랬던 것처럼 예수님을 흔들어 깨워야 한다고 하시더라고요. 저한테 주무시고 계신 예수님을 흔들어 깨우래요. 예수님께 부르짖으라고요.

심방이 끝나고 계속 의문이 들었어요. 저는 그 성경 내용을 예수님이 함께하시는데도 불안해하고 두려워하는 믿음 없는 제자들을 책망하시고 안타까워하시는 것으로 해석하는데 말이지요. 그리고 '목사님이 우리 가정의 형편을 잘 아시나? 왜 예수님께 부르짖고 주무시고 계신 예수님을 깨우라고 하시지?' 하는 의문이 들면서 몹시 불편했습니다.

A 글쎄요. 어떻게 목사가 그 가정 상황에 딱 맞는 말씀을 주실 수 있나요? 그런 경우도 있지만 그렇지 못한 경우도 있을 것입니다. 성경이 인간사와 세상사를 모두 말하지는 않으니까요. 목사는 대개 각 가정이 처한 고난, 고통, 슬픔, 경제력, 신앙생활 같은 것을 눈으로 보고 귀로 들어서 압니다. 그러고는 상황에 맞는 성경 구절을 꺼내서 위로, 권면, 소망의 말씀을 하는 것이 대부분입니다. 목사는 박수무당이 아니므로 가정 문제와 상황을 미리 안다면 거짓일 가능성이 많습니다.

담임목사님이 예수님을 깨우라고 설교한 것은 잘된 해석과 적용은 아닙니다. 이 성경에서 '깨우라'는 단어의 헬라어는 '깨다', '일어나다', '죽은 자를 일으키다'라는 뜻입니다. 그만큼 예수님이 곤히 주무시고 계셨다는 뜻입니다. 그런 예수님의 능력을 믿었기 때문에 주무시고 계신 예수님을 깨워 도움을 요청한다는 것은 잘못이 아닐 수도 있습니다. 다만 말씀하신 대로 이 본문은 여러 가지 주제로 살펴볼 수 있습니다.

1. 예수님이 계셔도 찾아오는 고난
2. 고난으로 인도하시는 예수님
3. 믿음 없는 제자들
4. 천지를 호령하는 하나님이신 예수님
5. 피곤해서 주무시고 계신 인간적인 예수님의 모습

예수님은 이미 이런 일이 생길 것을 예상하고 계셨을 것입니다. 제자들을 훈련시키기 위해서지요. 우리도 마찬가지입니다. 우리도 고난으로 인도하시는 하나님, 예수님을 잘 믿어도 찾아오는 고난, 믿음 없이 걱정하고 염려하면서 기도하지 않는 우리의 모습, 100% 하나님이고 100% 사람이시므로 우리의 고통과 고난을 잘 아시는 예수님 등 여러 가지로 적용할 수 있습니다. 어쩌면 우리와 함께 아파하고 괴로워하는 하나님 등으로 설교하고 적용하는 것이 좋았을지도 모릅니다.

자매님이 목사님의 설교 내용에 의문점을 가지고 마음이 불편했던 것은 이해합니다. 목사님이 항상 올바르게 설교할 수는 없다는 것을 이해하면 어떨까요? 특히 주일의 원고 설교도 아니고 즉흥적으로 하는 설교는 실수도 하고 잘못 적용할 수도 있다는 것을 염두에 두는 게 어떨까 싶습니다. 물론 목사님이 설교할 때마다 실수하고 잘못을 한다면 문제지만, 그렇지 않은 경우에는 이해하는 것이 어떨까 합니다.

그렇다고 해서 목사가 신자의 마음 상태와 집안 사정을 미리 짐작하고 평가하는 것은 잘못일 수 있습니다. 또 성숙한 신자는 성숙하지 못한 목사를 이해하고 비난하지 않습니다. 그런 약점을 가진 목사에게서 다른 장점을 보는 안목이 필요합니다. 그런 목사를 위해 기도하고 이해해주는 이해심 많고 성숙한 신자가 되기를 소망합니다.

또한 설교가 예배의 중요한 요소이기는 하지만 설교가 전부는 아니라는 것을 알 필요가 있습니다. 한국 교회에서는 이상하게도 설교로만 목사를 평가하는 잘못을 범하곤 합니다. 교회 관리를 잘하는가, 인간관계가 참으로 원만한가, 인격적으로 성숙한가, 교인의 아픔과 고통을 잘 이해하고 상담하는가, 교육에 탁월한 재능이 있는가……. 이렇게 여러 가지 기준으로 목사를 평가할 수 있는데 말이지요.

05

목사님이 직접 교회 재정 관리를 담당해도 되나요?

Q 요즘 저희 교회가 진통을 겪고 있습니다. 60여 명이 출석하는 교회인데, 담임목사님이 교회 재정 관리를 직접 합니다. 목사님이 목회도 하면서 개인 사업도 병행하고 있고요. 강단에서 특정 신자들을 저주하는 표적 설교도 자주 합니다. 어떻게 해야 할까요?

A 60여 명쯤 되는 규모라면 목사님이 직접 재정 관리를 맡는 것은 바람직하지 않습니다. 20명 미만일 때는 교회 재정이 적자일 경우가 많기 때문에 목사님이 재정을 맡는다는 것이 불가피할 수도 있습니다. 목회 사례비도 드리지 못하니까요. 그러나 그 이상이 되면 반드시 재정위원을 세워서 위임하고 목사님은 재정에 관여하지 않는 것이 바람직합니다.

교회가 어디에 있는지 모르지만 도시 교회로 추측되므로 성인 기준 60명이라면 작은 교회라고 볼 수 없습니다. 재정적인 면에서 목회 사례비도 드릴 수 있는 정도의 자립도를 갖추었을 것으로 봅니다. 그렇다면 목사님이 재정 관리를 하시면 곤란합니다. 남자 목사가 조심할 것은 돈, 여성, 권력(정치)이라는 말이 있습니다. 대개 이로 인해 실패하는 목사님들이 적지 않습니다.

사도 바울은 고린도 교회에서 어려움에 봉착한 예루살렘 교회를 도울 구제금을 모금했는데, 이것을 자신이 직접 가지고 가지 않았습니다. 디도와 두 형제를 함께 보냈지요(고린도후서 8:16~24, 12:17~18). 예수님도 열두 명을 제자로 삼아 훈련시키고 각지를 돌아다니면서 돈이 필요했을 것입니다. 그런데 예수님도 직접 재정 관리를 하지 않으시고 가룟 유다에게 관리를 맡겼다는 것을 기억해야 합니다. 이처럼 할 수만 있다면 교인 20명 미만의 작은 교회라도 재정 관리를 성도들이 전담하는 것이 바람직합니다. 그래야 교회에 잡음이 없고 교회 운영을 건전하게 할 수 있습니다.

목사님이 개인 사업을 한다는 것은 용납할 수 없는 일입니다. 자비량 목회를 하는 목사님이라면 개인 사업을 할 수도 있고 회사에 다닐 수도 있습니다. 하지만 교회에서 사례를 받는 목사님이 개인 사업을 하거나 자비량 사역을 하는 것은 이해하기 어렵습니다. 자비량 사역을 하면 성도들을 위한 꼴을 먹이거나 관리하고 목양하는 데 집중하기 어렵기 때문이지요.

더욱이 저주하는 표적 설교를 한다니 뭐라고 말씀드릴 수 없을 만큼 참담합니다. 목사가 설교를 하면서 특정 성도를 향해 표적 설교를 하고 싶은 유혹을 받기도 하지만, 설교는 먼저 목사 자신에게 적용하는 것이 원칙입니다. 저주하는 표적 설교를 하는 것은 유치하고 비겁한 행위일 뿐 아니라 성경을 자기 마음대로 악용하는 매우 나쁜 사례입니다. 신학교에서도 그런 설교는 금물이라고 가르치는데 왜 그럴까요? 목사님이 마음에 어떤 상처를 가지고 있거나 영적인 병이 있는 게 아닌지 의심됩니다.

성령 하나님이 교회를 떠날 수 있나요?

Q 성령님이 교회는 떠나지 않지만 교회당은 떠나신다는 글을 어디선가 읽은 것 같습니다. 첫째, 성령님이 교회당을 떠나시면 어떤 분위기인가요? 둘째, 그 교회를 다니시는 분들은 어떻게 되는 건가요?

A 참으로 좋은 질문입니다. 『구약』 에스겔서에는 하나님이 성전을 떠나시는 장면이 나옵니다. 10장 9~22절과 11장 22~25절입니다. 당시 이스라엘 백성은 성전이 있는 한 절대로 하나님은 성전과 이스라엘을 버리시지 않는다고 믿었습니다. 어떻게 하나님이 선택한 백성을 버릴 수 있느냐고 자신만만했습니다. 그런데 하나님은 성전을 버리셨습니다. 하나님은 성전을 떠나셨습니다. 이스라엘을 버린 것입니다. 그러나 하나님은 신실하신 분으로 자신이 한 약속은 배반하지 않으십니다. 결국 하나님은 이스라엘 백성이 회개한 뒤 다시 돌아오십니다(에스겔 43:4).

우리가 간과하는 점이 있습니다. 하나님이 절대로 교회당을 떠나지 않는다는 것이 잘못일 수도 있다는 것입니다. 솔로몬이 건축한 화려한 성전도 무너졌습니다. 헤롯이 80여 년간 지은 웅장하고 멋있는 성전도 무너졌습니다. 하나님이 떠나셨다는 의미입니다.

21세기 한국 교회에서도 하나님은 건물 덩어리인 교회당을 얼마든지 떠나실 수 있습니다. 대신 하나님은 무소부재, 어디에나 계십니다. 예수님의 십자가 사건 이후로는 예배당이 『구약』의 성전만큼 큰 의미가 없습니다. 예배당은 함께 모여 하나님께 예배하고 찬양하고 영광을 드리는 장소입니다. 성경은 예수님과 우리의 몸이 성전이라고 말씀하십니다.

성령님이 교회당을 떠나시면 어떤 분위기일까요? 성령 하나님이 떠나셔도 목사와 교인들은 잘 모를 것입니다. 이미 영적으로 어두워진 상태니까요. 그들은 이스라엘 백성과 마찬가지로 하나님이 자신이 다니는 교회당을 절대로 떠나지 않으리라 확신할 것입니다. 착각이지요. 그들이 회개하지 않는 한 교회당은 악령이 지배하는 장소로 변하고 말 것입니다.

지금도 하나님이 떠난 것으로 보이는 교회들이 있습니다. 교회당 안에서 도저히 상상할 수 없는 일들이 벌어지니까요. 세습, 헌금 횡령, 혼외 간음, 성공 신앙, 신비 신앙이 있는 교회에서는 성령 하나님이 일그러진 얼굴을 하고 계십니다. 아마 떠날 준비를 하고 계시거나 이미 떠나셨을 수도 있습니다. 하지만 회개하고 돌아오면 하나님이 다시 돌아오리라고 믿습니다. 여호와 삼마(여호와께서 거기에 계시다)!

그렇게 하나님이 떠난 교회에 다닌다 해도 참믿음을 가진 성도는 구원을 받을 것입니다. 그래서 개인의 믿음이 중요합니다. 모 이단의 경우 예수님이 재림할 때 교회 단위로 들림을 받아서 구원받는다고 주장하며 수시로 모임을 갖고 모임의 중요성을 강조합니다. 하지만 정통교회는 그렇지 않습니다. 각자 개인의 믿음대로 구원을 받습니다.

요한계시록 2장 5절에도 촛대를 옮긴다는 말씀이 나옵니다.

> 그러므로 어디서 떨어졌는지를 생각하고 회개하여 처음 행위를 가지라 만일 그리하지 아니하고 회개하지 아니하면 내가 네게 가서 네 촛대를 그 자리에서 옮기리라

"첫사랑을 잃어버리고 회개하지 않으면 촛대를 옮기실 것이니 빨리 회개하라"는 말을 들은 신자들이 있을 것입니다. 때를 놓치면 촛대를 옮기므로 믿고 싶어도 기회가 없다고 윽박지르는(?) 말도 들었을 것입니다. 이 말은 처음에 신앙생활을 열심히 하다가 교회에 잘 나오지 않거나 시험에 들어 신앙생활을 하지 못하는 신자들에게 목사님들이 심심찮게 하는 말입니다.

지난 주일 모 교회의 K목사가 설교 도중 '촛대를 옮긴다'고 협박성 발언을 하더군요. '촛대를 옮긴다'는 것은 성도를 떠난다는 것이 아니라 도리어 주님이 '교회를 떠난다'는 말입니다. 촛대는 교인이

아니라 교회입니다. 즉, 촛대를 옮긴다는 것은 그 교회의 교회 됨을 중지시킨다는 뜻입니다. 이것은 구약시대의 성전에 있던 가지가 일곱인 촛대가 제사장들의 시야를 밝게 했던 것을 연상시키는 말씀입니다. 따라서 교회는 주변의 공동체나 세상 사람들에게 빛을 비추어야 하는데, 교회가 그 역할을 하지 못하면 결국 촛대의 등불을 다른 곳으로 옮기거나 직접 꺼버릴 것이라는 주님의 경고입니다. 교회가 첫사랑을 회복하지 못하면 교회가 무너진다는 것입니다. 비록 교회 건물은 그 자리에 존재할지언정 하나님은 그 자리를 떠나신다는 것이지요. 마치 에스겔서에서 하나님이 성전을 떠나버린 것처럼 말이지요.

한국 교회에 먹칠을 하는 교회가 있습니다. 언론에도 자주 등장하는 그런 교회에 과연 하나님이 계실까요? 아니요, 촛대를 옮기실 것입니다. 다른 교회나 다른 나라로요.

07
성전을 건축할 때 교회를 옮기면 하나님이 저주하나요?

Q 출석 교인수가 15명 정도 되는 교회를 섬기고 있습니다. 목사님이 하나님께 응답을 받아 성전을 건축한다면서 땅을 구입하고 건물도 3층으로 확장이 되었습니다. 이 일로 인해 목사님과 불화가 생겨서 교회를 떠나려고 하는데 저주를 하십니다. 성전을 지을 때 떠나면 하나님이 싫어하시고 복을 주시지 않는다고요. 정말 교회를 떠나면 하나님께 복을 받기는커녕 저주를 받을 수도 있나요?

A 출석 교인이 15명 정도인데 과연 교회당 건물이 필요할지 의문입니다. 교인이 100명이어도 1, 2부로 나눠서 예배하면 된다고 말씀드리고 싶은데, 그런 소규모 인원으로 예배당 건물을 짓는다는 것 자체가 잘못이라는 생각이 드는군요.

하나님은 어디에나 계시는 분입니다. 우리 마음속에도 계시고 일터에도 계시고 잠을 잘 때도 함께하시는 분이십니다. 교회당은 성전이 아니니 비나 눈을 피할 수 있고 예배할 수 있는 정도면 족하다고 봅니다.

대개 목사들은 건물이 크면 신자들이 몰려들 것으로 생각합니다. 그래서 수단과 방법을 가리지 않고 무조건 크고 멋지게 건축하려고 욕심을 부리지요. 그렇게 되면 교회 성도들은 빚더미에 올라앉거나 시험에 들어 교회를 떠나고 신앙을 잃어버리는 경우가 적지 않습니다.

교회당은 성전이 아닙니다. 1차 성전인 솔로몬 성전은 주전 586년에 무너졌고, 2차 성전인 스룹바벨 성전은 주전 536년에 착공해 방해꾼들 때문에 16년간 중단되었던 적이 있으며, 이 또한 결국 주전 63년에 거의 파괴되었습니다. 마지막 성전인 헤롯 성전은 주전 20년에 시작해 주후 64년까지 84년간이나 공사가 진행되었습니다. 하지만 완공한 지 불과 6년이 지나 로마의 티투스 장군의 침공으로 서쪽 성벽 일부만 남고 완전히 파괴되었습니다. 그러고 나서 지난 2천 년간 성전이 세워진 적은 없습니다. 그런데 왜 성전 건축이라는 명목으로 굳이 건물을 지으려고 하는지, 그것도 무리하게 건축하려고 하는지 저는 모르겠습니다.

반드시 기억해야 할 것은 성전은 건물이 아니라는 점입니다. 예수님 자신이 성전이시고(요한복음 2:21) 우리 몸 자체가 성전입니다(고린도전서 3:16 / 고린도후서 6:16). 현재의 성전(또는 전)은 모두 예배당이나 교회당으로 불러야 맞습니다. 그런데 아직도 일부 목회자들이 예배당을 성전이라고 칭하며 성도들을 미혹하고 기만하고 있습니다.

현재 자매님이 다니는 교회의 목사님은 교회를 권위적이고 독단적으로 운영하는 것으로 보입니다. 교인들과 머리를 맞대고 충분히 기도하고 연구하는 것이 바람직하지만, 사실 그렇게 성숙한 목사님을 찾기는 쉽지 않습니다. 그러나 그런 목사님은 분명 있을 것입니다.

저는 그 교회를 나오라거나 나오지 말라거나 할 만한 위치에 있지 않습니다. 어떤 이유로든 교회를 옮기면 복을 받지 못한다고 협박하는 목사들이 있습니다. 모두 잘못된 것이니 속지 마십시오. 건축할 때 교회를 옮기면 복을 차는 것이라거나 복을 못 받는다거나 하는 소리는 전혀 근거가 없고 비성경적인 말입니다. 교회당을 건축할 때 부담을 느껴서 교회를 옮기는 성도들이 많으니 거짓말로 으름장을 놓는다고 보면 될 것 같습니다. 도리어 그렇게 말하는 목사님이 하나님께 큰 심판을 받거나 아니면 이 세상에서 어떤 심판을 받게 되겠지요.

08
십일조를 드리고 목사님에게 충성해야 복을 받나요?

Q 십일조를 드리고 목사님에게 충성해야 복을 받는다고 합니다. 십일조는 하나님께서 내게 주신 것에 감사해서 드리는 것으로 알고 있는데, 무척 당황스럽습니다. 만인제사장설을 따른다는 교회에서 제사장이라는 표현이 나올 때마다 담임목사님에 빗대는 것도 이해가 가지 않습니다. 이러다 교회를 떠나게 될까 봐 두렵습니다.

A 말씀하신 대로 헌금(십일조 포함)의 기본은 기쁨과 감사로 하나님께 자발적으로 드리는 것입니다. 헌금을 많이 해야 복을 받고 자손이 잘된다고 하는 것은 무속인들, 이단들이나 하는 주장입니다. 예수님은 과부가 두 렙돈(현재 가치로 2천 원 정도)을 헌금해도 몇백만 원을 헌금한 부자보다 더 많이 했다고 칭찬하셨습니다. 시험에 들지 마십시오. 내가 시험에 들어 하나님과 예수님을 멀리하면 나와 내 가족만 피해를 봅니다.

목사만 제사장이 아니라 우리 모두가 다 제사장입니다. 단지 직분만 다를 뿐 목사라는 직업과 노동자의 직업의 가치는 같습니다. 하나님은 노동자의 일을 통해서도 영광을 받으신다는 것이 기독교의 가르침이지요. 십일조를 하면 복을 받는다고 하면서 흔히 미국의 기업가 록펠러를 예로 드는 설교가 많습니다. 이는 록펠러가 얼마나 노동자를 탄압하며 부를 축적했는지 몰라서 하는 말입니다. 그가 대학교를 몇 개 세우고 교회를 몇백 개 세웠는지가 중요한 게 아닙니다. 목적이 훌륭하다고 해서 불의한 수단이나 방법이 용인되는 것은 아닙니다.

하나님은 모든 것의 소유자십니다. 세상의 모든 돈, 물건, 동식물의 주인은 하나님이십니다. 하나님이 무슨 돈이 필요해서 우리에게 돈을 요구하겠습니까? 십일조는 목회자, 교회 직원과 교회 유지에도 사용되지만, 불쌍하고 소외된 이웃에게도 사용되어야 합니다. 즉, 빈곤하고 가난한 교인들은 십일조를 낼 것이 아니라 도리어 십일조의 수급 대상이 되어야 마땅합니다.

목사에게 충성해야 복을 받는다는 말이 성경 어디에 있는지 모르겠습니다. 성경에 나와 있는 '충성'이라는 단어는 사실 거의 다 '신실'로 바꿔야 합니다. 특히 『신약』에 나오는 충성은 전부 신실로 바꾸어야 제대로 된 번역입니다. 우리는 하나님께는 충성해서 신실한 종이나 자녀가 될 수 있습니다. 하지만 사람(목사)에게는 충성이 아니라 신실한 모습, 자세가 필요한 것이지요.

아마 목사님은 다음 성경 구절을 예로 들어 복에 대해 말할 것입니다.

1. 말씀을 배우는 사람은 가르치는 사람과 좋은 것을 나누어야 한다.

_ 갈라디아서 6:6

2. 말씀을 가르치는 일에 수고하는 자들을 존경하는 것은 마땅하다.

_ 디모데전서 5:17

3. 엘리야에게 먹을 것을 주었던 시돈의 사르밧 과부

_ 열왕기상 17:8~16

하지만 그런 것들을 복이라고 하기에는 지나칩니다. 사르밧 과부가 고작 기름과 밀가루가 떨어지지 않고 살았다는 것이 무슨 복인지 잘 모르겠습니다. 간신히 먹고살았다는 의미가 아닙니까? 입에 풀칠이나 했다는 것이지요. 하나님께 충성한 제자들 또한 복을 받아서 출세하고 자손만대 잘살았다고 성경은 말하지 않습니다. 오히려 모두 순교하거나 비참하고 비천하게 살다가 죽었습니다.

목사가 신자에게 충성을 바라는 것은 바람직하지 않습니다. 왕조시대에나 있을 법한 일들이 교회에 아직 존재하고 있다는 것을 압니다. 모두 유교, 불교, 무속신앙에서 유래된 것들입니다.

목사가 존경을 받지 못한다면 목회를 그만두어야 합니다. 또 하나님의 말씀을 전할 때 권위가 있어야 한다는 데는 동의하지만, 목사가 신자에게 충성을 강요하고 권위를 내세우는 것은 올바른 일이 아닙니다. 도리어 목사는 섬기는 삶을 살아야 합니다. 목사(목자)는 양을 기르고 섬기는 사람이지 양을 팔아먹는 장사꾼이 아닙니다. 『신약』

에서나 『구약』에서나 양을 치는 목동이나 목자는 결코 부자가 아닙니다. 가난하고 소외된 계층이라고 보는 것이 더 정확합니다.

종교개혁의 선두주자였던 마르틴 루터(Martin Luther)를 한번 볼까요? 루터는 집에서 아내와 함께 하숙을 쳤고 소규모 양조장도 운영했습니다. 물론 이것은 극단적인 사례라고 할 수 있지만, 그냥 지나치기는 어렵습니다. 그래서 돌아가신 한경직 목사님 같은 분이 아직도 존경을 받는 것이겠지요.

목사는 교회의 신자들이 받는 월급의 평균 이상을 사례비로 받는다거나 자가용을 타고 다니는 것을 삼가야 합니다. 목사가 너무 적은 사례비를 받는 것도 곤란하지만 과도한 사례비도 교회에 덕이 되지 않습니다. 하지만 그런 목사님을 보기가 참으로 힘듭니다.

추수감사절에 강대상에 놓인 과일, 쌀 같은 것들을 목사님들이 가져가는 교회가 있습니다. 신자들은 그 물건에 절대 손을 대지 않고 오직 목사님들만 가져갑니다. 그것들은 신자들이 하나님의 은혜에 감사해서 하나님께 드리는 것이지 목사님에게 주는 것이 아닙니다. 그러니 목사님이 이를 불우한 신자들이나 이웃에게 슬며시 전달하면 얼마나 좋을까요? 실제로 그렇게 전달하고 있으리라 믿습니다.

09

여러 교회를 돌아다녀도 다닐 만한 교회가 없어요

Q 교회 안에 산적한 문제로 인해 오랫동안 섬기던 교회를 떠난 신자입니다. 이후 많은 교회를 다녀보았는데 교인들은 하나같이 담임목사에게 세뇌, 동화, 변질이 되어 있습니다. 교회에 대해 한 번 반박을 했다가 크게 공격까지 당했습니다. "사람 보고 교회를 다니지 말고 하나님 보고 다녀라"는 조언은 지겹게 들었습니다. 교회를 안 다닐 수도 없고 부패한 교회에 소속돼 참고 다니자니 죽을 지경입니다. 어떻게 해야 할까요?

A 이해하고 공감합니다. 저도 목사지만 직접 설교를 하지는 않기 때문에 예배에 참석해서 다른 목사님의 설교를 듣습니다. 현재 섬기는 교회도 개혁적이고 목사님의 인품도 훌륭하지만, 이 교회도 완전하지는 못합니다. 굳이 예를 들자면 목사님의 설교가 그렇습니다. 본문과 관계없는 말만 하다가 설교가 끝나기 5~10분 전에 돌아오는 경우, 본문을 잘못 해석하는 경우, 본문 적

용을 하지 않거나 잘못 적용하는 경우 등 여러 가지가 있지요.

 설교를 들으러 온 것이 아니라 예배를 하러 왔으므로 저는 다른 신자들에게 어떤 불평도 불만도 털어놓지 않습니다. 다만 인내하고 예배할 뿐이지만 마음은 편치 않습니다. 지난 주일 설교에서는 역사적 사실을 왜곡한 내용 몇 가지가 발견되어 담임목사님에게 이런 문제가 있으니 검토해보시라는 글을 보냈습니다. 다른 사람은 모르고 저와 담임목사님만 아는 일이지만, 목사님의 기분이 좋지는 않았으리라 짐작합니다. 얼마 지나지 않아 답변이 왔지만 제 마음에 들지는 않았습니다. 저도 이런 정도니 다른 신자들은 오죽할까 짐작이 가고도 남습니다.

 이런 상황에서 쉽게 생각하는 것이 가나안 신자(예수는 믿되 교회당에 나가지 않는 신자)가 되는 것입니다. 그런데 가나안 신자가 되면 일반신자들의 믿음은 잠을 자거나 죽기 쉽습니다. 스스로 성경을 읽고 묵상하고 기도하면서 꾸준히 건전한 신앙 서적을 읽고 적용하지 않는 한 믿음이 살아남기 어렵습니다. TV나 인터넷으로 예배를 드리는 경우에도 신앙이 자라지 않습니다. 잘해야 본전이라는 것이지요. 그저 예배드렸다고 만족하는 수준에 지나지 않을 것입니다.

 지상 교회는 완전한 곳이 하나도 없다는 것을 인지해야 합니다. 천상에 가야만 완선한 교회가 이루어집니다. 결국 교회를 나가는 것 말고는 방법이 없습니다. 거주지가 어디인지 모르지만 노력하십시오. 오가는 데 두세 시간 정도는 걸릴지도 모릅니다. 하지만 인격적으로 훌륭하고 교양 있는 목사님을 찾는다면 크게 실망하지는 않을 것입니다.

교회를 선택할 때 교단이나 교파를 따지면 찾기가 어렵습니다. 내가 장로교 합동 출신이라고 해서 합동만 찾으면 폭이 좁아집니다. 장로교 백석, 대신, 통합, 합신 심지어 기장이라도 건강한 교회라면 선택해야 합니다.

개인의 경건 훈련으로 본인이 직접 성경, 교리 같은 것을 공부하는 것이 중요합니다. 그리고 교회 안에서 다른 신자들과 대화하다 보면 나와 생각이 비슷한 사람들을 만날 수도 있습니다. 물론 쉽지는 않을 것입니다. 그럴 때는 건전한 카페에 가입해서 활동해보는 것도 추천합니다. 저도 교회 안에서는 적당한 사람을 만나지 못해 결국 카페에서 활동하고 오프라인에서 교제하며 갈증을 달래곤 했습니다. 그곳에서 제 멘토도 만났고, 지금도 교제하는 사람들이 있습니다.

한국 교회는 부패했고 자정능력을 많이 상실했습니다. 그럼에도 불구하고 신앙을 잃어버리지는 마십시오. 건강한 교회가 없다고 교회를 포기하지는 마십시오. 어딘가에 분명 참교회와 참신자가 있을 테니까요. 하나님은 바알에게 무릎 꿇지 않는 칠천 명을 남겨두었다는 말씀을 믿으십시오(로마서 11:4). 또 스스로 참신자가 되려고 노력하고 기도하기를 바랍니다. 어디인 줄은 모르지만 누군가를 하나님이 예비하고 계십니다.

10
장로님이 헌금을 많이 했다고 교회 부동산을 본인 것으로 주장해요

Q 30여 년 전 구입한 땅이 최근 아파트 개발이 확정되면서 엄청나게 올랐습니다. 그런데 K장로님이 헌금을 가장 많이 했다는 이유로 그 땅을 본인의 소유로 주장하는 바람에 교회가 매우 시끄럽습니다. 교회를 개척했던 목사님은 하나님 품으로 돌아가시고 지금은 후임 목사님이 목회를 하는 상황입니다.

A 여러 가지로 이해할 수 없는 일이 벌어졌군요. 결론부터 내리고 시작합니다. 그 장로님은 신앙의 기본과 원칙이 없는 분으로 평가할 수 있습니다. 당장 자신의 주장을 철회하고 잘못을 회개하고 탐욕을 버려야 합니다. 장로님이라는 직분과 명칭이 부끄럽고 교회와 사회에서 지도자로 선다는 것이 창피하다는 겁니다. 자신이 장로이기 전에 기독교인이라는 것을 망각하고 있다는 것이지요.

기독교인의 삶의 기본 원칙은 내가 소유하고 있는 생명, 재산, 자녀, 명예 등이 내 것이 아니라는 것입니다. 하나님이 주인이시고 나는 단지 청지기라는 것이지요. 영원한 가치가 없는 것을 내 소유라고 주장하며 인정하는 순간 기독교인이 되지 못하고 사탄의 자식으로 떨어지고 맙니다.

말세에는 사람들이 돈을 사랑한다고 합니다(디모데후서 3:12). 돈을 사랑하는 것은 일만 악의 뿌리가 됩니다(디모데전서 6:10). 성경은 돈을 사랑하지 말고 지금 가지고 있는 것에 만족하라고 합니다(히브리서 13:5 / 빌립보서 4:11 / 디모데전서 6:6).

우리는 이 세상에 아무것도 가져온 것이 없고 아무것도 가져갈 수 없습니다(디모데전서 6:7). 공수래공수거(空手來空手去)입니다. 성경은 말씀합니다. 부자가 되려는 사람(마치 K장로님처럼)은 유혹과 멸망에 빠지게 될 것이라고요(디모데전서 6:9). 아마도 그 장로님은 이미 은퇴했거나 은퇴가 가까울 것입니다. 노욕을 버려야 합니다. 아브라함은 늙어서 후처 그두라를 얻는 바람에 욕을 먹었습니다(창세기 25:1~4). 특히 늙은 남자는 돈, 섹스, 권력에서 멀어지지 않으면 추하게 변합니다. 여자들의 경우는 외모, 돈, 자식 사랑에서 멀어져야 합니다.

교회에 바친 헌금이나 헌물은 내 것이 아니라 하나님의 것입니다. 내 것이라고 생각하게 되면 교회를 흔들고 자신의 신앙이 파괴되는 결과를 낳습니다. 예를 들어봅시다. 사도행전 5장에 아나니아와 삽비라 부부가 나옵니다. 그들은 자신의 소유물을 팔아서 일부를 숨겨놓고 나머지를 교회에 바쳤으며, 이 일이 발각돼 결국 하나님의 진노를 사고 맙니다.

만약 K장로님이 계속 그 땅을 자기 것이라고 주장한다면 교회는 그를 권징해야 합니다. 또한 교회가 그 토지를 포기하고 교회를 위해 장로를 교회 밖으로 축출하는 것도 한 가지 방편이 될 것입니다.

이런 일은 묵과하거나 용서하기 어려운 중대 사건입니다. 교회를 무너뜨리고 사회의 근간을 흔드는 비윤리적 행위라 할 수 있습니다. 욕심이 잉태하면 죄를 낳고 죄가 장성하면 사망을 낳습니다(야고보서 1:15). 이를 그대로 방치하면 교회가 위험에 빠지기 쉽습니다. 다른 성도들이 하나님께 드린 각종 헌금에 대해서도 나중에 불만이 생기거나 어려운 상황에 처하면 돌려달라고 주장할 수 있으니까요. 물론 기본 통념상 회유와 강압에 의한 헌금이나 헌납이 아니니 법적으로는 돌려줄 의무가 없습니다.

더 나아가 교회는 용도에 맞지 않는 부동산의 매입을 금해야 합니다. 기도원, 휴양소, 교회 묘지 같은 데 헌금을 사용하는 것은 바람직하지 않습니다. 그런 것들은 있어도 그만 없어도 그만입니다. 빌려 쓰면 되니까요. 도리어 그런 데 사용할 헌금을 가난하고 어려운 이웃을 돕고 후원하는 데 사용해야 합니다. 교회가 어떻게 맹목적으로 토지를 구입하는지, 그것도 개인의 이름으로 등기를 하는지 저는 이해할 수가 없습니다. 있을 수 없는 일이 벌어진 것입니다.

하기야 어느 목사님은 교회가 시골에 매입한 땅을 자신의 이름으로 등기했습니다. 그 목사님은 시간이 나면 그곳에 내려가서 농사를 짓는다고 합니다. 목회는 등한시하고 농사 재미에 푹 빠져 있다는 것이지요. 그런 행동을 방치하고 이해해주는 당회가 이해되지 않습니다. 그런 목사님과 장로님들에게 하나님의 준엄한 심판이 내리지 않는다고 말할 수 있을까요?

11

코로나19 시대에 비대면 예배를 할 수 있나요?

Q 교회에서는 일제강점기에도 예배는 멈추지 않았다며 대면 예배를 강행하고 있습니다. 목사님께 대면 예배의 근거를 질문했다가 좋지 않은 소리만 들었습니다. 대면 예배를 강행하는 교회와 비대면 예배를 드리는 교회가 어떤 성경적 근거를 가지고 있는지 알고 싶습니다.

A 한국에 복음이 들어온 후 대면 예배를 제지당하거나 금지당한 역사는 없었습니다. 일제강점기에도 신사참배와 동방요배를 강요해 자진해서 문을 닫은 교회도 있지만 대부분 대면 예배는 계속했습니다. 이번 코로나19처럼 전국적으로 대면 예배가 금지되거나 제한되지는 않았으므로 많은 교회가 당황하고 난감해하고 있습니다. 하루빨리 코로나백신이 개발, 보급되어 코로나가 종식돼 자유롭게 예배당에 나가서 예배할 수 있기를 바랍니다.

대면 예배를 강행하는 교회가 제시하는 주요 성경적 근거는 "모이기를 폐하는 어떤 사람들의 습관과 같이 하지 말고"(히브리서 10:25)

입니다. 또 성전에 모이기를 힘쓰고 사도들의 가르침을 받고 서로 교제하고 떡을 떼며 기도했다는 구절입니다(사도행전 2:42, 2:45). 우리는 할 수만 있다면 함께 모여 하나님을 찬양하고 경배해야 합니다. 그러나 그럴 수 없는 특별한 경우가 있었습니다.

첫째, 솔로몬은 성전이 없는 곳에서 성전을 향하여 기도나 간구를 하면 하나님이 응답해 주신다고 했습니다(열왕기상 8:38-39, 47-48 / 역대하 7:1).

둘째, 이스라엘 백성은 바벨론으로 끌려가 강가에서 예배하며 울었습니다(시편 137편). 성전이 없어도 예배했다는 의미입니다. 그들은 바벨론에서 회당을 건축하고 하나님께 예배했습니다(시편 74:8).

셋째, 선지자 다니엘도 성전을 향하여 하루 세 번씩 기도했습니다(다니엘 6:10).

『신약』으로 넘어오면 상황은 급반전합니다. 예수님께서는 "너희가 예배할 때가 오리니 이(그리심) 산에서도 아니고 예루살렘(시온산)에도 말고 예배할 때가 이른다"고 말씀하셨습니다(요한복음 4:21). 예배를 드릴 장소와 예식을 제한할 필요가 없다는 것입니다. 사마리아인은 그리심 산에서, 유대인들은 성전이 있는 예루살렘 시온성에서 예배를 드려야 한다고 주장했으니까요.

예수님은 그런 장소와 의식이 중요하기보다는 예배하는 대상과 마음이 중요하다고 하시면서 어디서나 '영과 진리'로 예배하라고 폭탄선언을 하셨습니다(요한복음 4:23). 예수님은 두세 사람이 예수님의 이름으로 모이는 곳에 함께하신다고 약속하셨습니다(마태복음 18:20). 만약 예수님이 오늘날 오신다면 비대면 예배를 하는 신자들을 향하여 너희와 함께하신다고 말씀하실 것입니다(마태복음 28:26).

12

코로나 시대에 꼭 교회에 갈 필요가 있나요?

Q 코로나19로 온라인 예배가 활성화되었으니 교회에 나갈 필요가 없지 않나요? 그러면 교회에 오가는 교통 시간도 줄일 수 있고, 교회당도 크게 지을 필요가 없다고 생각합니다. 헌금은 은행 계좌로 입금하거나 자동이체를 하면 되지 않을까요?

A 이제 6개월 정도밖에 온라인 예배를 하지 않았는데도 대면 예배로 돌아갈 필요가 없다는 신자들이 늘어나고 있습니다. 특히 청소년층에서 대면 예배가 무용하다고 느끼거나 온라인이나 오프라인 예배가 별 차이가 없다고 느낀다는 이야기를 듣습니다. 만약 코로나가 장기화되고 사회적 거리두기가 지속된다면 교회에 나가지 않는 신자가 대폭 증가할 것으로 예상합니다. 2020년 4월 초 한국기독교목회자협의회와 한국기독언론포럼이 전문기관에 의뢰해 조사한 결과에 따르면 22.9%가 "주일에 꼭 교회에 가서 예배를 드리지 않아도 된다는 생각을 하게 됐다"고 응답했습니다.

왜 이런 결과가 나왔을까요? 여러 가지 이유가 있지만, 가장 큰 이유는 기성 교회에서 교회가 무엇인지, 예배가 무엇인지에 대해 올바로 가르치지 않았기 때문입니다. 교회와 교회당(예배당)을 혼동하는 신자들이 많습니다. 교회는 예수님을 그리스도라고 고백하는 무리요, 교회당은 단지 사람들이 모이는 건물입니다. 교회당은 성전이 아니고 나 자신의 몸이 성전이라는 것을 이해하지 못하고 실천하지 못합니다. 교회당 신앙에만 치중해 1주일 내내 예배하고 봉사하고 교육하면 일류 신자라고 배웠으니까요. 예배도 교회당 안에서 드리고, 가정과 사회에서 드리는 개인 예배와 생활 속의 예배는 간과하거나 무시했다는 것입니다.

이스라엘 백성도 바벨론에 포로로 끌려갔을 때 성전에서 예배(제사)를 드리지 못했습니다. 그 대신 회당이나 야외에서 예배를 드렸습니다. 지금 한국 교회가 온라인 예배로 대체하는 것과 비슷합니다. 성전이 없으니 소나 양을 죽여서 태워 드리는 번제나 화목제 같은 것은 엄두도 내지 못했습니다. 70년간의 바벨론 유배 생활 후 바사의 고레스 왕에 의해 풀려난 이스라엘 백성은 다시 예루살렘으로 돌아와 무너진 성전과 성벽을 재건하고 예배를 드렸습니다. 이스라엘로 귀환한 이들은 현장 예배로 복귀하고 바벨론에 남아 있던 이들은 회당이나 야외에서 예배했습니다. 중요한 것은 이스라엘로 돌아온 이들은 원래의 예배 제도로 돌아갔다는 사실입니다.

그렇다면 한국 교회는 어떻게 해야 할까요? 가장 바람직한 것은 현장(대면) 예배로 복귀하는 것입니다. 하지만 그렇게 하면 온라인 예배를 원하는 신(新) 가나안 성도를 방치하거나 무시하는 격이 됩니다. 이런 틈새를 이단이나 사이비가 가만히 두고 보지만은 않을 것입니다. 물론 소형 교회는 현 상태가 위기가 아니라 기회가 될 수도 있지만요.

앞으로는 온라인과 오프라인을 병행해서 온라인 예배를 하거나 예배를 녹화해 가정이나 직장 또는 야외에서 예배드릴 수 있도록 배려하는 교회가 많아질 것으로 예상됩니다. 교회의 생존에 필요한 헌금은 은행으로 입금하거나 자동이체를 하는 것도 가능하리라 봅니다. 헌금에는 일종의 제사(offering) 개념이 포함되어 있어서 예배학으로 검토하면 문제가 있지만 기쁨과 감사로 드린다면 큰 문제는 없다고 봅니다.

온라인 예배는 장점이 많은 것 같지만 단점도 그에 못지않습니다. 온라인 예배의 장점을 살펴보면 이렇습니다.

1. 교통시간이 대폭적으로 감소한다.
2. 장소와 시간을 가리지 않고 예배할 수 있다.
3. 내 취향대로 교회와 예배를 선택할 수 있다.
4. 주일에 예배에 참석할 수 없는 성도들에게 예배의 기회를 준다.
5. 현장 예배가 소중하고 귀하다는 것을 느끼게 한다. 마치 농구 경기장에서 농구를 보는 것과 집에서 TV로 시청하는 것이 다

른 것처럼.

6. 재정이 불투명하면 내가 원하는 교회나 개인에게 헌금을 보내거나 아예 헌금을 하지 않을 수 있다.
7. 가난하고 소외된 계층도 부담 없이 예배할 수 있다.
8. 머리, 옷, 화장, 장식품 등 외모에 신경을 덜 쓰게 된다.

반면 온라인 예배의 단점은 다음과 같습니다.

1. 목회자와 성도 간의 교감이 매우 부족하거나 없다.
2. 교회 공동체라는 개념이 무너진다.
3. 성례전이 어려워지거나 무의미해지거나 아예 사라질 수도 있다.
4. 성도 간의 교제가 부족해 신앙이 왜곡되고 고난이 오면 극복하기 어려워진다.
5. 예배할 때 태도와 자세가 무너지기 쉽다.
6. 건강하지 못한 교회, 이단과 사이비 단체가 더욱더 활동할 수 있는 기회와 자양분이 된다.
7. 소형 교회에서는 온라인 방송을 하는 것이 기술적·재정적으로 어려운 점이 많다.
8. 헌금 액수가 감소할 수 있다.

개인적으로는 몇 달, 아니 길게는 1년 정도 온라인 예배를 해보는 것을 굳이 반대할 마음이 없습니다. 억지나 강제로 어쩔 수 없이 오프라인 예배에 참석하기보다는 집이나 야외에서 예배드리기를 바랍니다. 그렇게 신앙생활을 하면 당분간은 자유롭고 마음이 편할지도 모릅니다. 내 마음대로 원하는 교회와 설교를 선택할 수도 있고, 억지도 봉사 활동을 할 필요도 없습니다. 또 헌금을 조금만 해도 되고 아예 하지 않아도 눈치를 볼 필요가 없지요. 한마디로 자유입니다. 족쇄(?)에서 풀린 것이지요. 늦잠을 자도 괜찮고, 예배도 장소와 시간을 가리지 않고 언제든 하면 됩니다. 옷을 대충 입어도 되고, 예배 자세도 내가 원하는 방식으로 앉거나 최악의 경우 아예 누워서 예배할 수도 있습니다.

문제는 과연 그런 예배를 하나님이 받으실까 하는 것입니다. 몸과 마음과 정성이 따르지 않는 예배를 하나님이 과연 받으실지 깊이 생각해볼 필요가 있습니다. 하나님은 우리의 몸과 마음을 모두 받기를 원하십니다. 하나님은 예배할 때 몸 따로 마음 따로인 예배 정신과 태도를 싫어하십니다. 구약시대로 말하자면 눈이 멀거나 다리 다친 짐승을 바치거나, 재물만 바치고 마음속에서는 통회하지 않는 신앙을 말합니다. 영과 진리로 드리지 못하는 예배가 될 가능성이 많다는 것이지요.

게다가 혼자 또는 가족끼리 예배를 한다면 외부에서의 신앙적 도움, 교제, 도고기도, 교육 같은 것이 부족하기 때문에 지치거나 신앙이 왜곡 또는 변질될 가능성이 많습니다. 특히 신앙적인 어려움에 처할 때, 험난하고 고달픈 사회생활 속에서 가정불화, 실직, 폐업, 이혼 등 환난과 고난이 다가올 때 도움과 격려를 받는 것이 쉽지 않다는 것이지요. 물론 현재 오프라인 교회가 이런 면에서 제 역할을 다하고 있다고 볼 수는 없습니다.

개인의 경건 훈련이 뒤따르지 않는 상태에서 온라인 예배를 드리면 올바르다고 생각하지만 실제로는 왜곡될 가능성이 많습니다. 오프라인 교회를 떠나면 신앙이 죽어가거나 실족하기 쉽습니다. 극히 소수의 신 가나안 성도들만 살아남을 수 있을 것으로 보입니다.

각자 자신의 양심에 솔직히 질문해보십시오. 이번 온라인 예배를 하는 동안 얼마나 신앙이 발전되고 주님과 함께하는 시간이 되었나요? 성경을 얼마나 읽고 또 얼마나 기도하며 삶 속에서 그리스도를 닮아가려 애썼나요?

신앙생활은 다음 세 가지가 어느 정도는 균형을 이루어야 합니다.

1. 온라인이나 오프라인 예배 행위와 교회 활동
2. 기도, 말씀 공부, 묵상, 적용과 같은 개인 경건 훈련
3. 일상생활 속의 예배. 가정과 세상에서 구별된 삶을 살아가며 세상을 하나님의 나라로 변화시켜나가는 것

그런데 한국 교회에서는 1을 강조하고 2는 약간 강조하며 3은 거의 이루어지지 않습니다. 따라서 사회에 영향력이 없는 기독교

인, 이른바 선데이 크리스천, 하나님께 영광을 드리지 못하는 신자가 됩니다.

온라인 예배를 고집하는 분들은 그렇게 하십시오. 다만 자신의 신앙을 잘 점검하기를 바랍니다. 조류나 초식동물을 보면 주로 집단생활을 하는데, 그것이 더 안전하기 때문입니다. 혼자 있을 때 악한 세력이 틈타기 쉽고 생명을 빼앗긴다는 것을 기억만 한다면 괜찮습니다.

목사라면 혼자 온라인 예배를 해도 살아남을 가능성이 많습니다. 하지만 일반신자(평신도)가 혼자 또는 가정에서 온라인 예배를 드리고 신앙생활을 할 경우 살아남아도 왜곡되거나 위험한 신앙으로 변질될 가능성이 많습니다. 혼자 신앙생활을 하기에는 세상이 그리 만만치 않습니다.

Chapter 03

생활 상담

01
기독교 신자도 우울증에 걸리느냐고 비아냥거려요

Q 우울증으로 3년 넘게 고생하고 있습니다. 삶에 의욕도 없고 심지어 자살 충동까지 느끼곤 합니다. 성경에도 우울증을 경험한 사람들이 나오나요? 기독교인이 어떻게 우울증을 앓느냐고 비아냥거리는 말도 듣습니다. 믿음이 약해서 그렇다고 하는데, 정말 그런가요? 마음이 답답하고 기도도 되지 않습니다. 때로는 죽고 싶기도 합니다.

A 우울증은 지난 3천 년 이상 인간 사회의 일반적 문제로 인식되어왔습니다. 우울증은 정신장애에서 '일반적인 감기'로 부를 만큼 흔하고 치료하기 쉬운 마음의 병입니다. 역사적으로 위대한 사람들, 군사 지도자, 정치가, 음악가, 과학자, 신학자도 우울증을 경험한 것으로 알려져 있습니다. 윈스턴 처칠, 조지 헨델, 에드거 앨런 포, 보나파르트 나폴레옹, 빈센트 반 고흐, 찰스 스펄전 목사 등과 같은 사람들입니다.

하지만 우리나라의 우울증 환자들은 정신과 치료에 대한 부정적인식 때문에 제때에 진료를 받지 않습니다. 이러한 사회적 분위기로 인해 병원 치료를 거부하는 경우가 있어서 문제입니다. OECD 자살률 1위 국가인 한국이 항우울제 소비량은 OECD 28개국 가운데 두 번째로 낮았습니다(「한눈에 보는 국민의 보건의료지표」 2015). 치료 시기를 놓쳐 고생할 수도 있다는 말입니다. 가능한 한 빨리 병원에 가서 치료를 받는 것이 바람직합니다.

교회는 더 심각합니다. 아직도 하나님을 믿고 예수님을 구주로 인정하는 기독교인은 우울증에 걸릴 수 없다고 생각하는 기독교인이 의외로 많습니다. 교회 지도자라고 하는 사람들은 더욱 심각합니다. 믿음이 없거나 부족해서 우울증에 걸린다거나 죄로 인해 발생한다고 지레 판단하기 때문입니다. 그러나 그렇지 않습니다. 불신자처럼 기독교인도 우울함에 빠질 수 있습니다.

성경에는 우울, 우울증이라는 용어가 없습니다. 다만 침체되고 슬프고 어둡고 낙심되는 상황은 있습니다. 성경에도 우울증이나 우울 증세를 겪었다고 평가되는 인물들이 있습니다. 기독교 심리상담학자들이 그렇게 평가하고 있지요.

대표적인 인물을 열거해봅니다.

1. 모세

광야 생활을 하던 이스라엘 백성들은 만나를 오랫동안 먹은 까닭에 물리고 질렸습니다. 급기야 애굽 생활을 그리워하며 돌아가기를 소망하는 백성들을 보고 모세는 절망에 빠졌습니다. 그래서 하나님께 죽여달라는 기도까지 합니다(민수기 11:4~15).

2. 엘리야

갈멜산에서 850 대 1의 영적 전투에서 승리한 엘리야는 악한 왕비 이세벨이 죽이겠다고 하자 긴급히 도망칩니다. 그리고 절망과 두려움에 휩싸인 그는 로뎀나무 아래 앉아서 하나님께 자신의 목숨을 거두어달라고 요청합니다(열왕기상 19:1~4).

3. 예레미야

예레미야는 눈물의 선지자입니다. 하도 많이 울어 앞이 보이지 않을 정도였습니다(예레미야애가 1:1~2, 3:45). 예레미야는 백성들이 장차 침략을 당해서 겪을 끔찍한 고통과 고난을 보고 매일 울었고, 마음이 아프고 답답해 어찌할 바를 몰랐으며(예레미야 4:19), 마음에 병이 들었다고 합니다(예레미야 8:18 / 예레미야애가 1:22). 급기야 그는 자신이 태어난 것을 저주하며 하나님이 차라리 어머니의 자궁에서 자신을 죽였기를 바랐습니다(예레미야 20:18). 이는 전형적인 우울증 증세를 보여줍니다.

4. 욥

자식도 모두 죽고 재산도 전부 날리고 아내에게 "하나님을 욕하고 죽으라"는 험악한 말을 듣고도 욥은 결코 하나님을 원망하지 않았습니다. "주신 이도 여호와요 거두신 이도 여호와시니"(욥기 1:21), "하나님께 복을 받았은즉 화도 받지 아니하겠느냐"(욥기 2:10)며 입술로도 범죄하지 않았습니다.

그 뒤 얼마의 시간이 흘렀는지 모르지만 욥은 자신을 저주하기 시작합니다. 생일을 저주하고, 자신이 어머니 자궁에서 나올 때 사산(死産)되었기를 바랍니다. 욥은 "무덤을 찾아 얻으면 심히 기뻐하고 즐거워하나니"(욥기 3:22)라고 고백합니다. 죽기를 바란 것이지요. 그리고 또 이렇게 고백합니다. "나에게는 평온도 없고 안일도 없고 휴식도 없고 다만 불안만이 있구나"(욥기 3:26)

5. 요나

이스라엘을 침공해 무자비하게 백성을 살해할 앗수르까지도 사랑하셔서 구원의 계획을 세우셨던 하나님의 선교 명령에 불복종한 인물이 요나입니다. 다시스로 도망하려고 배를 타지만 결국 물고기에게 잡아먹히는 신세가 되었다가 사흘 만에 살아납니다. 그럼에도 불구하고 요나는 니느웨성(사흘 동안 걸을 만큼 큰 성)에서 회개를 촉구하는 발언을 하루 동안만 하고(요나서 3:3~4) 성에서 확 나가 버립니다. 화가 난 것이지요. 그러고는 초막을 짓고 그늘에 앉았다가 하나님이 예비하신 박넝쿨을 벌레가 갉아먹자 급기야 선언합니다. 사는 것보다 죽는 것이 낫다고요(요나 4:3, 4:8).

6. 베드로

『신약』에서는 베드로가 심히 고민하고 통곡을 합니다(마태복음 26:70 / 마가복음 14:72 등). 전하는 말에 따르면 베드로는 닭이 우는 소리를 들으면 무릎을 꿇고 눈물을 흘렸다고 합니다.

심지어 마태는 이 사건 이후 베드로의 이름을 더 이상 거론하지 않습니다. 마태가 베드로에게 얼마나 감정이 좋지 않았는지를 엿볼 수 있습니다. 마태와는 달리 마가(마가복음 16:7), 누가(누가복음 22:61, 24:12), 요한(요한복음 20~21장에 다수)은 베드로의 이름을 등장시킵니다. 베드로의 마음이 어땠을지 살짝 엿볼 수 있습니다.

이 정도면 기독교인도 우울을 경험할 수 있다는 것을 알 만합니다. 그러므로 우리는 기독교인이 어떻게 우울증 같은 병을 앓을 수 있느냐고 혀를 차거나 비난의 말을 해서는 안 됩니다. 우리는 우울증에 빠진 사람들을 사랑과 자비의 눈으로 바라보면서 '나도 그럴 수 있겠구나' 하는 마음가짐을 가져야 합니다. 우리 모두는 그런 환경과 여건을 경험하거나 앞으로 만날 수 있기 때문입니다.

성경에서 우울증의 실제 사례를 찾아본 것은 성경에도 우울을 경험한 사람들이 많다는 것을 이해하라는 의미입니다. 세상에서 찾지 말고 성경에서 찾으려고 노력하자는 것입니다.

앞에서 빠진 사람이 있는데, 다윗을 죽이지 못해 안달이었던 사울왕은 아마도 우울증 정도가 아니라 조울증이라고 판단해도 될 만큼 심각한 정신적 질병을 가지고 있었던 것 같습니다. 사울은 결국 자살을 선택했습니다.

다만 성경에서 우울을 경험했던 대부분의 사람들은 어려움을 잘 극복하고 하나님의 은혜를 입어 선한 일꾼이 되었습니다. 하나님의 나라를 이끄는 주요 인물이 되었지요. 그들은 결코 자살하지 않았습니다. 정말 죽고 싶을 만큼 어려운 환경에 처했지만 생사화복을 주관하시는 하나님을 믿고 그분에게 생명을 맡겼습니다.

02

남의 것을 부러워하는 것도 욕심이라고 부르나요?

Q 오늘 예배 중 찬송가에 "받은 복을 세어보아라"라는 가사가 있었습니다. 생각해보니 하루하루 생명 주심이 복인데……. 제가 그동안 받는 복을 세어보고 새삼스럽게 감사를 깨닫고는 눈물이 났습니다. 그런데 보통 사람들이 부러워하는 마음을 갖는 것을 욕심과 연결시켜도 되나요? 저는 아내가 이것저것을 부러워할 때 "그건 욕심이야"라고 얘기하는데, 그게 맞는지 알고 싶습니다.

A 말씀하신 찬송가는 429장, 제목은 '세상 모든 풍파 너를 흔들어'입니다. 성경적인 배경은 에베소서 1장 3절의 '신령한 복'입니다. 통일찬송가(1983년) 이전에는 "세상 부귀 온갖 영화 보일 때 주의 허락 깊이 생각하여라 / 돈을 주고 살 수 없는 주의 복 풍성하게 받은 것을 믿으라"가 있었습니다. 그런데 웬일인지 이 가사가 빠진 채 지금은 3절만 실려 있습니다.

작사자인 목사 오트맨 2세는 순회 목회를 하다가 그만두고 난 뒤 아버지의 사업을 정리하고 보험업으로 성공했다고 알려져 있습니다. 세상 부귀영화를 모두 누렸던 분이기에 이런 작사도 할 수 있었던 것 같습니다. 그런데 이런 상황을 알지 못하는 어떤 분들이 이 가사를 없앤 것은 매우 아쉽습니다.

"하루하루 생명 주심이 복"이라 느낀다는 것은 귀한 통찰력입니다. 현재 우리나라의 상황은 여러 가지 면에서 매우 심각한 것이 사실입니다. OECD 자살률 1위, 이혼증가율 1위, 산업재해 1위, 노인 빈곤율 1위, 흡연율 1위, 독주소비량 1위 등의 지표가 심각성을 보여줍니다.

뉴스를 보면 얼마나 많은 사람이 오늘 하루를 넘기지 못하고 죽는지 모릅니다. 아침에 집에서 나간 사람이 다시 돌아올지 염려해야 할 만큼 각종 사건과 사고가 많은 나라입니다. 하늘과 땅, 바다와 강을 가리지 않고 사고가 발생합니다. 교통사고, 화재사고, 각종 살인사건이 꼬리를 물고 일어납니다. 게다가 청년들은 취업, 결혼, 주택 장만, 출산 문제를 걱정하고 장년과 노년은 장수로 인한 경제적 어려움과 고통을 하소연하고 있습니다. 북한의 핵미사일과 위협으로 항상 전쟁의 위험 가운데 있으며, 코로나19 감염 위험도 우리의 삶을 위협하고 있습니다.

『국어사전』에는 욕심이 "분수에 넘치게 무엇을 탐내거나 누리고자 하는 마음"으로 정의되어 있습니다. 『성경사전』도 "무엇을 지나치게 탐내거나 누리고 싶어 하는 마음"이라고 정의합니다. 결국 분수에 넘치거나 지나치면 욕심이 될 수 있다는 말입니다. 누구나 작은 욕심은 가지고 있습니다. 욕심이 너무 없으면 개선도, 발전도, 증진도 없습니다. 그러니 이것저것을 부러워하는 것을 욕심이라고 한다면 좀 지나친 것 같기도 합니다. 항상 과욕이 문제지요.

예를 들어 전세 사는 사람이 내 집을 갖고 싶어 하는 것을 욕심이라고 할 수는 없습니다. 16평 전세를 사는 사람이 19평, 25평을 원하는 것이 아니라 50평을 원한다면 욕심이라고 할 수 있습니다. 월급이 300만 원인데 350~400만 원을 받고 싶어 한다면 욕심이라할 수 없지만, 600만 원 이상을 원한다면 욕심이 될 수 있습니다.

성경은 욕심을 부정적으로 보는 경향이 있습니다(에베소서 4:19 / 디모데전서 6:9 / 야고보서 1:14~15 등). 성경은 도리어 현재 자신이 가진 것에 만족하라고 합니다(빌립보서 4:11). 그렇다고 조금 더 나은 상황과 환경을 원하는 것이 사람의 욕망인데 그것까지 욕심이라고 한다면 발전하거나 진보할 수 없습니다. 도에 넘을 정도로 지나치지만 않으면 아내에게 너무 욕심이라고 하지 마시길 바랍니다. 그 대신 "그래, 그런 것도 가지고 싶겠지. 미안해. 부족한 남편을 만나서" 하고 말해보십시오. 여자는 관심을 받고 싶어 하고 자신의 말을 잘 경청해주고 공감해주기를 바랍니다. 어쩌면 아내가 그런 말을 하는 것도 공감을 받고 싶어서일 수 있습니다. 그러니 이렇게 말해주세요. "그래, 그걸 가지고 싶은 당신 마음 알아. 나는 당신만으로 만족해요. 미안해요. 사랑해요."

그러면 앞으로 뭔가를 부러워하는 말이 차츰 줄어들 것입니다.

중요한 것은 "먹을 것과 입을 것이 있으면 만족하라"(디모데전서 6:8)는 성경의 교훈을 기억하는 것입니다. 이는 지나친 욕심을 경계하라는 가르침입니다. 부자가 되려고 하는 사람은 여러 가지 어리석고 해로운 욕심에 빠지게 됩니다. 다른 사람을 힘들게 하고 어렵게 만들며, 자신도 완악하게 되고 인정도 없고 사랑도 없는 괴물로 변하게 됩니다. 욕심은 결국 사람을 "파멸과 멸망에 빠지게 하는 것"(디모데전서 6:9)임을 기억하십시오.

03

불신자 남편이 교회에 가는 걸 싫어해요

Q 저는 모태신앙이며, 아이들과 교회에 다니고 제사도 지내지 않겠다고 남편에게 분명히 말하고 승낙을 받았습니다. 아이들이 커서 이번에 교회에 등록을 하게 되었고, 다시 시작한 신앙생활로 영적 싸움도 커져만 갑니다.

제 남편은 원래 자상하고 착한 사람입니다. 그런데 주일만 다가오면 남편의 눈치를 보게 되고 스트레스도 받습니다. 주일마다 남편과 싸우게 되는데, 오늘은 처음으로 아이들 앞에서 큰 소리로 싸우고 말았습니다. 종교 때문에 이혼한다는 말을 실감할 정도입니다. 남편이 교회에 나가지 말라거나 하나님을 믿지 말라고 하는 것은 아니지만, 저를 이해해주지 못하니 참으로 답답합니다.

A 아마도 남편은 무신론자지만 마음도 자상하고, 인물도 좋고, 경제력도 뒷받침되는 분이어서 자매님의 마음에 쏙 들었나 봅니다. 그래서 불신자와 결혼하지 말라는 교회의 일반적 요

청도 뿌리치고 결혼하지 않았나 생각합니다. 자매님과 같은 분들이 적지 않습니다. 불신자인 줄 알고도 결혼했다가 나중에 신앙 문제가 생겨서 고민하는 모습을 볼 때마다 마음이 아픕니다.

그럼에도 불구하고 자매님이 자녀들과 함께 교회에 나가신다니 참 잘하셨다고 칭찬하고 싶습니다. 요즈음은 어린아이들이 교회를 잘 나오지 않아서 한국 교회의 앞날이 걱정되는 시기가 아닙니까?

사람도 사귀어야 하고, 구역모임도 가져야 하고, 성경도 읽고 기도도 해야 하니 마음이 많이 바쁠 것입니다. 자상하고 착한 남편이라는 말에 해답이 있습니다. 남편들, 아니 저를 포함한 남자들은 대개 어린아이입니다. 어렸을 때도 엄마가 집에 있으면 마음이 놓이고 편안하지만 아니면 왠지 마음이 어두워지고 침울해지곤 했습니다. 이것은 결혼 후에도 마찬가지여서 아내가 집에 있어야 마음이 놓이지요. 그런데 집에 있어야 할 자매님이 교회에 가서 예배드리고 식사를 하고 오면 최소 2~3시간은 걸릴 것입니다. 만약 찬양대나 다른 봉사를 할 경우 3~4시간이나 아내가 집에 없으니 남편이 싫어할 수밖에 없습니다. 왜 나를 혼자 놔두고 외롭게 하느냐는 것이지요.

이렇게 방법을 알려드립니다.

첫째, 남편을 위한 기도는 죽을 때까지 해야 합니다.

30년간 남편을 위한 기도를 해서 기어코 함께 교회에 다니는 권사님을 만났습니다.

둘째, 남편을 안심시켜야 합니다.

교회 문제로 말다툼하거나 큰 소리를 내는 것은 금물입니다. 예수님도 형제에게 원망 들을 일이 있거든 형제와 화해한 뒤에 제사를 지내라고 했습니다(마태복음 5:23~24). 남편은 자매님을 잠시나마 교회에 빼앗기는 것이 싫은 것입니다. 특히 아내가 교회에 나가면 남편들은 대개 목사를 이성적으로 좋아해서 출석한다고 착각하는 경향이 있습니다. 의처증 증세를 보이는 남자들도 있다는 것을 염두에 두셔야 합니다.

또한 헌금으로 가정 경제가 축난다고 생각해 좋아하지 않을 수 있으니 헌금을 할 때는 상의하는 것이 좋습니다. 아울러 주일에 교회에 다니려면 더 부지런해져야 합니다. 청소나 빨래도 더 잘하고, 설거지도 청소도 더 깨끗하게 잘해야 합니다. 말도 더 예쁘게 하고 서비스(?)도 더 잘해야 하지요.

교회에 가기 전 남편이 먹을 점심도 미리 준비해두십시오. 그리고 이렇게 이야기해주는 겁니다.

"여보, 다 준비해놨어요. 당신 좋아하는 국, 가스레인지에 올려놓았으니 데우기만 하면 돼요. 여보, 미안해요. 조금만 기다리세요. 오후 3시까지 돌아올게요."

셋째, 남편을 마귀나 사탄이 장난하거나 조종한다는 말은 하지 말아야 합니다.

물론 세상 사람은 마귀나 사탄의 종이지만, 그런 용어는 우리끼리 사용하는 것이지 불신자들 앞에서 한다면 매우 잘못입니다. 예의에 어긋나는 무식한 행동이지요. 간혹 마귀가 역사해서 남편을 조종한다고 말하는 목사나 지도자들이 있는데, 이것도 매우 잘못하는 것입니다. 오히려 성경은 믿지 않는 남편을 아내가 구원할 수도 있다고 말합니다. 하지만 남편에게 순종하라고 하며, 아내의 선한 행실로 남편을 교회로 인도할 수 있다고 가르칩니다(베드로전서 3:1).

하나님은 가정을 사랑하십니다. 예수님을 믿지 말라는 것이 아니고 교회에 나가지 말라는 것이니 아이들만 교회에 보내십시오. 혹시 자녀들이 어려서 엄마의 도움이 필요한가요? 남편이 교회에 가지 못하게 한다면 수요기도회나 금요기도회에 참석하면 되고, 주일에는 집에서 기도하며 성경을 읽으십시오. 남편의 핍박으로 교회에 못 나가고 집에서 혼자 예배하면 아마도 감동적인 예배가 될 것입니다. 하나님은 그 예배를 기쁘게 받아주십니다.

자매님, 자신을 책망하지 마세요. 지나간 과거는 후회해도 도움이 되지 않습니다. 결혼의 책임은 자매님에게 있습니다. 불화의 원인을 남편에게 돌리면 해결이 무척 어려워집니다. 미혼 시절 남편이 결혼하지 않으면 죽인다던가요? 기껏해야 "나 당신 아니면 죽는다"고 공갈이나 협박을 했겠지요(웃음). 이 결혼의 책임은 자매님에게 있습니다. 남편이나 친정 식구, 아니 어느 누구에게도 책임을 돌리거나 전가하지 마십시오.

주위를 보면 교회에 나가지 말라고 하거나 믿지 못하게 하는 남편들이 꽤 많습니다. 남편은 지금 관심을 달라고 말하는 것입니다. 나를 알아달라고 보채는 것이지요. 달래주십시오. 남편들은 거의 대부분 어린아이들입니다. 저도 환갑이 훨씬 지났지만 철이 들려면 아직도 멀었습니다(웃음).

남편에게 정중히 사과하든 애교를 부리든 뽀뽀를 하든 그것은 자매님의 취향과 성격에 달려 있습니다. 맛있는 식사를 준비하며 분위기도 쇄신하기를 바랍니다. 남편이 혹시 술을 좋아한다면 맛있는 포도주 한두 잔도 곁들여 남편의 마음을 풀어주십시오. 물론 자매님은 술을 마시면 곤란합니다. 신앙의 전후가 달라야 한다고 말씀드렸지요?

마지막으로, 교회에 다녀오면 좀 피곤하겠지만 집안일도 더 열심히 해야 합니다. 이것은 자매님이 직장 생활을 해도 마찬가지입니다. '나도 직장일로 힘들고 어려운데 왜 내가 희생해야 하지?' 하는 생각은 버리십시오. 이런 일은 자매님이 이미 예상했어야 합니다. 모든 기독교인은 자기를 부인하고 자기의 십자가를 지고 주님을 따라가는 것이 우리의 의무요 임무임을 잊지 말아야 합니다.

또 중요한 것은 불신자인 남편에게 하나님이 살아 계시다는 것을 단순한 말이 아니라 선한 말과 착한 행동으로 보여야 한다는 점입니다. 남편이 그런 아내의 모습을 보고 교회에 나가게 되는 경우도 많습니다. 남편을 교리로 설득하는 것은 쉽지 않습니다. 자매님은 준비가 되어 있지 않아 남편의 의문과 질문에 답하기가 쉽지 않으므로 더 다투게 됩니다. 도리어 남편이 왜 무신론인자인지 그 원인을 찾아야 합니다. 물어보면 대답할 것이니 그것을 잘 기억해두었다가 모범답안을 찾고 나중에 기회를 봐서 설명하는 것이지요.

  이때 큰 소리는 절대 금물입니다. 신앙 문제로 부모가 자녀 앞에서 다투는 것은 정서상 매우 해롭습니다. 남편이 싫어하면 교회에 알리고 몇 주간은 가정에서 혼자 예배하기를 바랍니다. 그리고 남편에게 더 잘해주십시오. 한 영혼의 구원은 천하보다 더 귀합니다. 신앙생활보다는 가정이 우선입니다. 남편이 자매님에게 예수님과 하나님을 믿지 말라고 한 것은 아니잖아요(웃음)?

04
사주팔자가 불교를 믿는 것이 좋다고 합니다

Q 사주를 보니 저한테는 "불교가 맞는다"고 나왔습니다. 하나님을 믿고 나서는 사주나 점 따위는 신경 쓰지 않았는데, 요즘 자꾸 그 생각이 납니다. 온갖 의심과 주저함, 흔들림이 마음속에서 툭툭 튀어나오옵니다. 어떻게 해야 하나요?

A 사주가 "기독교와 맞는다"고 말하는 경우는 거의 없다고 합니다. 철학관의 입장에서 보면 기독교를 믿으면 돈벌이가 안 되기 때문입니다. 기독교인보다는 상대적으로 불신자나 다른 종교를 믿는 사람들이 점이나 사주팔자를 더 많이 보니까요. 그러니 사주가 "불교와 맞는다"고 말하는 것은 어쩌면 당연합니다. 사주팔자나 역학은 고대 중국의 기철학과 자연철학에 등장한 것으로서 기독교와는 거리가 멀고 도교, 불교, 무속신앙과는 매우 가까우니까요.

한국인의 마음속에는 무속신앙, 도교, 불교, 유교신앙이 강하게 자리를 잡고 있습니다. 저도 대학 시절 어머니가 작명가에게 제 이름인 '김활'의 해석과 풀이를 부탁한 적이 있었습니다. 그 결과 제가 많이 공부하고 배우면 출세하고 성공한다는 해석이 나왔습니다. 어머니는 온갖 경제적 어려움을 견뎌내며 최선을 다해 일해서 제가 대학을 졸업할 수 있게 하셨습니다. 저도 처음엔 작명가의 말을 믿지 않았지만 모친이 워낙 철석같이 믿다 보니 차츰 그 말을 믿게 되었습니다. 제 어머니는 권사님이셨습니다(웃음).

지금 생각해보면 대학교를 졸업하고 공부를 많이 하면 성공하고 출세할 길이 많은 것은 사실입니다. 요즘은 공부뿐만 아니라 예능, 체육, 기술로도 출세하고 부자가 될 수 있는 길이 많습니다. 그런데 제가 청년일 때는 개천에서 용 나는 길은 공부 외에는 거의 없다고 해도 과언이 아니었습니다.

40~50년 전만 해도 박사학위를 따면 사회에서 출세하고 성공할 확률이 높았습니다. 저도 집안 형편이 되어 공부를 많이 했다면 대학교수가 되었을 것입니다. 그러면 목사를 하지 않고 대학 강단에서 강의를 하고 있을 것입니다. 그러니 작명가가 잘못 말한 것은 아닙니다. 저라도 그런 말은 할 수 있습니다. 작명가의 말은 지극히 상식적이었으니까요.

한국인의 핏속에는 대제로 미신을 믿는 피가 흐르고 있습니다. 가정, 학교, 사회가 미신 속에서 흘러가고 있지 않나요? 예를 들면 "우연히 인터넷으로 조회하다가 김활 목사님의 블로그를 만났습니다"라고 말하는 신자들이 대부분입니다. 사실 모든 것이 하나님의 섭리 가운데 움직이므로 '우연히'라는 말은 옳지 않습니다. 그런데도 기독교인들이 참 많이 사용합니다. 성경에도 네 번 정도 '우연'이라는 말이 나옵니다(민수기 35:22 / 룻기 2:3 / 사무엘상 6:9 / 사무엘하 1:6). 하지만 엄밀하게 말해서 기독교에는 '우연'이 존재하지 않습니다. 모든 것은 하나님의 섭리나 필연 속에서 움직이기 때문입니다. 그래서 기독교인은 "운이 좋았습니다", "재수가 좋았습니다", "행운입니다" 같은 말도 사용하지 않습니다.

며칠 전 유명 연예인 최○○ 씨가 인터뷰를 하는데, 오늘날 자신이 성공한 이유에 대해 운이 좋았다고 대답하는 것을 보았습니다. "배우하기를 너무 잘했고, 운이 참 좋았다"고 말이지요.

"배우는 선택되는 직업인데 제가 트렌디 드라마, 사극을 오갈 수 있었던 것은 정말 운이 좋았기 때문이죠."

그는 장로님입니다. 장로님이 자신도 모르게 비기독교적인 용어를 사용한 것입니다.

'운(運)'이란 천지 만물과 자연의 운행 질서가 사람을 주관한다는 왜곡된 고대 신앙관입니다. 예수님을 믿는 사람은 운이나 운수라는 말을 사용하지 않습니다. 세상 사람들은 다리를 떨면 복이 나간다고 다리를 떨지 못하게 합니다. 밤에 휘파람을 불면 뱀이 나온다고 휘파람을 불지 못하게 하고, 문지방을 밟으면 복이 나간다고 밟지 못하게 합니다. 모두 미신입니다. 우리는 하나님이 온 우주 만물을 창조하시고 관리, 운행하신다는 것을 믿습니다. 인간의 흥망성쇠, 부귀영화를 하나님이 주관하신다고 믿습니다.

성경에 나오는 인물들을 보십시오. 하나같이 하나님의 선택과 쓰임 속에 그들의 삶이 바뀌었습니다. 아브라함은 우상을 제조하던 사람에서 믿음의 조상으로, 모세는 이집트 왕자에서 이스라엘 사람들을 이집트에서 구원한 인물로, 다윗은 목동에서 이스라엘의 위대한 왕으로, 베드로는 어부에서 위대한 사도로 변신했습니다.

따라서 사주에서 "불교가 맞는다"도 해도 믿을 이유가 하등 없습니다. 기독교인은 그런 사주팔자, 점치는 곳, 철학관 같은 데는 얼씬도 하지 말아야 합니다. 인터넷에서 재미로 사주팔자나 운세를 보는 것도 피해야 합니다.

우리의 미래는 하나님께 달려 있습니다. 하나님이 사용하시길 기도하면서 현재 하고 있는 일에 집중하고 노력하십시오. 나머지는 하나님이 인도하십니다.

05

남편이 새벽기도회 참석을 반대합니다

Q 새벽기도회를 가고 싶은데 불신자 남편이 지나치다며 반대합니다. 주일 예배는 반대하지 않고요. 새벽기도회 참석 문제로 자주 다투게 되는데 어떻게 하면 좋을까요?

A 안타까운 마음이 전해집니다. 새벽기도회에서 기도하며 신앙을 새롭게 다지고 시작하려는 마음과 각오는 충분히 이해합니다. 사실 새벽기도회에 참석한다는 것이 쉬운 일은 아니지요.

먼저 드릴 말씀은 그럼에도 불구하고 현 상황에 감사하라는 것입니다. 주일에 교회에 나가고 싶어도 불신자 남편의 반대로 가지 못하는 자매님들도 있으니까요. 아이들에게 하나님과 예수님을 알려 주지 못하고 기도도 하지 못하는 등 핍박이 이만저만이 아니라고 합니다. 또 새벽기도회에 가고 싶어도 갈 수 없는 상황에 처해 있는 신자들도 적지 않습니다.

만약 남편이 주일에 교회도 못 나가게 하고 예수님도 믿지 못하게 한다면 그것은 또 다른 문제입니다. 정도가 심하면 이혼까지 고려할 수 있는 상황이 될 테니까요. 하지만 지금 자매님의 경우는 주일 예배나 수요기도회에 나가는 것을 반대하지는 않으니 그렇다면 감사해야 합니다.

불신자 남편을 전도하려면 평상시 말과 행동이 변화되어야 합니다. 남편을 전도하는 것은 매우 어려울 것입니다. 성(城)을 빼앗는 것보다 더 어려울 수도 있습니다. 남편을 전도하는 데 30년이 걸렸다는 분도 있습니다. 아무리 하나님이 살아 계시고 예수님을 믿어야 구원을 얻어 영생을 소유할 수 있다고 말해도 남편이 듣지 않을 것입니다. 남편은 자매님의 변화된 모습을 원합니다. 남편에게 순종적이고 가정에 충실한 모습을 원하고 있을 것입니다.

집안 살림도 살뜰하고 정리정돈이 잘되어 있어야 하는 것은 기본입니다. 할 수만 있다면 남편에게도 좀 굽실거리고 애교도 부려야 합니다. 달라진 모습을 보여야 합니다. 예전과 똑같은 모습으로는 전도하기가 어렵습니다.

제가 잠깐 자매님의 블로그를 들여다보았습니다. 다양한 취미 활동과 여행을 즐기고 있는 것으로 보입니다. 어느 정도 이해는 하지만, 조금 지나쳐 보인다면 오해일까요? 그곳에서는 기독교인의 향기가 나지 않습니다. 세상 것과 세상일은 달콤하고 매력적입니다. 마치 늪처럼 자꾸 더 빠져들어갑니다. 헤어나기 어렵고, 더욱더 진하고 자극적인 것을 찾게 되니까요.

서론이 길었습니다. 어떡하면 좋을까요? 새벽기도회에 참석하는 것은 포기하십시오. 새벽기도회에 가면 간단한 말씀 선포와 기도가 전부입니다. 기도도 조용히 나만 알아듣게 하는 것이 아닙니다. 다른 사람은 아랑곳하지 않고 크게 기도하는 사람, 방언 기도만 주로 하는 사람, 크게 우는 사람 등 참으로 다양합니다. 게다가 음악도 크게 틀어놓습니다. 기도회 시간에 자신을 바라보며 믿음을 정리하고 하나님과의 하루를 시작하고 싶은데 방해되는 요소가 있다는 것입니다.

믿음이 여간 크지 않고는 새벽기도회의 분위기를 견디기가 쉽지 않습니다. 따라서 새벽에 하나님을 만난다는 기분, 하나님과 하루의 첫 시간에 만난다는 감격에 만족하는 것이 대부분입니다. 또는 믿음 생활을 새롭게 하겠다는 다짐을 하는 것이 더 중요한 새벽기도회의 목적이라고 저는 생각합니다.

새벽기도회에 참석할 수 없다면 다른 방법을 모색하십시오. QT집인 『생명의 삶』을 구입하는 것이 좋습니다. 새벽에 일어나 거실에서 혼자 『생명의 삶』을 읽고 묵상하며 기도하기를 바랍니다. 만약 QT집이 없다면 인터넷 사이트에 들어가면 됩니다(http://www.duranno.com/qt/). 하루분의 QT 본문과 해설이 있으니 읽고 묵상하고 기도하면 됩니다. 만약 새벽 4~5시에 혼자 일어나 성경을 읽고 QT집을 보며 기도하는 것을 남편이 반대한다면 설득하십시오. 그래도 반대하면 시간대를 바꿔 남편이 없는 시간에 QT를 하면 됩니다.

힘을 내십시오. 하나님은 때와 장소를 가리지 않고 역사하십니다. 기도도 중요하지만 말씀을 읽어야 합니다. 말씀과 성령 하나님은 함께하십니다. 말씀은 멀리한 채 기도에만 열중하면 신비로운 신앙이나 비뚤어진 신앙으로 가기 쉽습니다. 『우리말 성경』, 『현대인의 성경』 등 쉬운 성경을 『개역개정성경』과 함께 읽기 바랍니다.

하나님은 왜 제 기도에 응답하시지 않나요?

Q 부유하고 화목한 가정에서 태어난 것도 아니고, 심지어 몸도 아프게 태어났습니다. 결혼 후에도 물질적으로 너무나 어려운 형편입니다. 새벽기도회에 나가서 울부짖으며 기도해도 하나님께서는 응답해주시지 않습니다. 기도가 부족한 걸까요? 하나님은 앉은뱅이도 일어서게 하시고 죽은 자도 살아나게 하시는 분인데, 왜 저한테만은 그런 기적이 일어나지 않을까요?

A 우선 자매님의 안타까운 환경과 여건에 대해 뭐라고 말씀 드려야 할지 모르겠습니다. 어려운 가운데서도 신앙을 잃지 않고 지켜온 자매님에게 박수를 보냅니다. 지금까지 잘 참아왔습니다.

시편 기자인 다윗도 하나님이 떠나시지 말기를 기도했습니다(시편 27:9~10, 71:9). 『구약』의 하나님은 잠시 동안 성전을 떠나기도 하셨습니다(에스겔 10:4,18, 11:23). 심지어 하나님이 계시는 성전이 파괴되었고 성물은 모두 적국으로 넘어가버렸습니다. 마치 하나님이 떠나신 것처럼 보였습니다. 이것은 이스라엘 백성에게는 엄청난 비극이요 치욕이었습니다. 그러나 『신약』에서는 예수님이 자매님과 함께 세상 끝날까지 함께하겠다고 약속하셨습니다(마태복음 28:20). 그러니 하나님이 절대로 자매님을 버리시지 않는다는 것을 믿으십시오.

기도가 언젠가 이루어질 것을 믿고 의심하지 않고 기다린다고 해결되지는 않습니다. 기도의 분량이 차지 않았다거나 회개가 부족해서 그렇다거나 금식기도를 하지 않아서가 아닙니다. 세칭 '빡세게' 기도하지 않아서도 아닙니다. 기도의 양과 질이 부족해서가 아니라는 것이지요. 젖을 먹는 아가는 울기만 해도 엄마가 젖을 주고 기저귀를 갈아주고 필요하면 병원에 데려갑니다. 마찬가지로 하나님은 기도하기 전에 우리가 필요로 하는 것을 이미 알고 계십니다.

하나님은 당신의 시간표에 따라서 우리의 기도에 응답하십니다. 우리는 그것이 언제인지 알 수 없지만, 하나님의 시간표와 방법에 따라서 이루어집니다. 기도는 우리가 하나님을 움직이는 도구로 사용하는 것이 아니라 도리어 우리가 하나님의 도구가 되기를 바라는 기도를 하는 것이 옳습니다. 안타깝지만 물질, 건강, 자녀 복은 하나님이 주시면 받고 주시지 않으면 받을 수 없는 것이 성경적인 원칙입니다.

앉은뱅이도 일어서게 하시고 죽은 자도 살리시는 하나님은 초대교회에나 있거나, 아니면 현재 아프리카나 이슬람권처럼 성경이 희

귀한 곳에서는 지금도 가능합니다. 한국에서도 100여 년 전에는 그런 기적이 많았다고 역사는 기록하고 있습니다. 예수님도 공생애 초기에는 기적을 많이 행하시다가 차츰 줄이셨습니다. 기적 신앙이 신앙의 핵심이 아니라는 것을 알려주시려는 것처럼요. 한국은 이미 기적적인 신앙과 신비적인 신앙이 지나갔다고 보는 것이 옳습니다. 아직도 그런 기적이 있다고 하는 자는 거의 가짜요 사기라고 봐도 무방합니다. 그렇게 질병을 잘 치유한다는 사람들이 왜 코로나19에는 손도 대지 못하는지 이해하기 어렵습니다.

복을 주시는 것은 하나님의 주권입니다. 물론 누구나 열심히 일하고 노력하고 근검절약하면 돈을 벌 수도 있습니다. 어찌 보면 불신자가 더 많이 돈을 벌고 더 건강하고 출세하지 않나요? 기독교의 복은 그런 복이 아니라 영적인 복입니다. 하나님의 복은 죄를 용서받고 하나님의 자녀가 되어 성령님의 동행하심으로 기쁨과 감사와 행복을 느끼며 살다가 결국 하나님의 나라에 들어가서 영생을 누리는 것입니다. 우리가 흔히 생각하는 물질적인 복과는 구별된다고 보는 것이 올바른 신앙입니다.

우리 모두는 이 땅에서 나그네입니다. 잠시 있다가 떠나는 하숙인과 같습니다. 성경은 말합니다. 이 땅에서의 고난은 유익이라고요(시편 119:71). 결국 자매님도 언젠가 세월이 지나면 현재의 고난이 복이요 유익이라고 고백하게 될 것입니다. 저도 그랬고 많은 신앙의 선배들이 그렇게 고백합니다. 성경은 우리가 영광도 받았으니

고난도 받아야 한다고 말씀하십니다(로마서 8:17).

물질이 필요하다는 것을 인정합니다. 물질이 없으면 불편하고 힘든 게 사실입니다. 다만 절대적으로 물질을 바라보시기 바랍니다.

"발이 없는 사람을 보기 전까지는 내게 신발이 없다는 사실을 슬퍼했다."

이것은 고대 페르시아 속담입니다. 이 지구상에 자매님처럼 운명을 바꾸고 싶어 하는 사람이 얼마나 많을지 한번 생각해보십시오. 행복은 내가 선택하는 것이지 남이 주는 것이 아닙니다. 백만장자도 불평하고 불만이 있습니다. 자신은 천만장자보다 가난하다고 느끼고 좌절하거나 욕심을 부린다고 합니다. 서울대나 카이스트 박사과정에 있는 사람들도 자신의 처지를 비관해 자살합니다. 그렇다면 저처럼 일류 대학을 나오지 않은 사람은 진작 자살했어야 하는 게 아닌가요?

다른 사람에게는 물질도 건강도 주시는 하나님이 왜 나에게만 주시지 않을까요?

이 질문에 대한 정답은 "아무도 모른다"일 것입니다. 어쩌면 다른 사람들은 그런 것을 받아도 소화시킬 능력이 있어서가 아닐까요? 부모님은 어린아이가 위험한 칼을 달라고 아무리 졸라도 주지 않습니다. 저도 어렸을 때는 그런 부모님을 보고 원망도 했지만 지금은 도리어 고마워합니다.

마찬가지로 하나님은 자매님에게 그런 건강과 물질이 필요 없다고 느끼셔서 딱 필요한 만큼만 주시는 게 아닐까요? 더 주거나 낫게 하면 하나님을 모른다고 하거나 떠날 수 있기 때문이 아닐까요?

하나님은 자매님의 가난한 삶에 함께하고 계십니다. 자식이 가난한데 어느 부모가 마음이 편하겠습니까? 하나님도 마찬가지입니다. 그분도 지금 자매님을 바라보며 울고 계십니다. 도와주시고 싶지만 돕지 못하시기 때문이지요. 예수님과 함께 있었던 제자들도 폭풍우가 몰아쳐 배가 침몰할 위험에 처했습니다. 예수님과 함께 있을 때도 제자들은 배가 고픈 나머지 미처 익지 않은 이삭도 먹었습니다.

예수님을 믿어도 고난이 사라지지 않을 수 있다는 것을 기억해야 합니다. 살고 싶다고 부르짖는 예수님의 외침에도 응답하시지 않았던 하나님이십니다. 그때 왜 하나님은 침묵하고 계셨을까요? 왜 하나님은 자매님의 고통에 침묵하고 계실까요?

신자가 죄를 짓는 것은 사탄 마귀 때문인가요?

Q 신자는 하나님의 종이요 불신자는 사탄의 종이라고 간략하게 표현하는 것을 봅니다. 신자가 정욕과 욕망으로 죄를 지으면 그것은 사탄 마귀의 잘못이 아니라 자신의 죄성(罪性)이라고 보는 게 옳지 않을까요?

A 크게 양분하여 신자는 하나님의 영으로 살고 불신자는 사탄의 영으로 산다고 합니다. 신자는 하나님의 종이고 불신자는 사탄의 종이라고 이원론적으로 말하는 것이지요. 그래야 쉽게 표현할 수 있으니까요.

예를 들어 어떤 교회당을 건축할 때 공동의회에서 가부(可否)를 묻는다고 가정합시다. 찬성과 반대도 있지만 기권도 있고 무효도 있습니다. 하지만 일반적으로 가부를 묻겠다고 합니다. 흑백논리도 잘못인 경우가 많습니다. 색에는 검정색과 하얀색만 있는 것이 아니라 그 가운데 회색, 노랑, 빨강, 초록 등 많은 색이 있습니다. 다른 의견도 있을 수 있다는 말입니다. 이원론적 발상은 대개 옳지 않은 경우가 많습니다.

중요한 것은 여기서 신자는 거듭난 사람을 의미한다는 것입니다. 교회를 다니는 사람, 즉 교인(churchman or churchgoer)을 말하는 게 아니라는 점을 기억해야 합니다. 교회 안에는 알곡(신자)과 쭉정이(교인)가 있습니다. 쭉정이나 가라지가 알곡보다 더 많은 곳이 교회 안이라고 말하면 놀라는 사람들이 많을 것입니다. 하나님이나 예수님을 만나서 삶의 방향과 목표가 전환되어야 하는데 그렇지 않은 사람이 많다는 것이지요.

그럼에도 교인들의 구원 여부는 오직 하나님만이 알고 결정하신다고 말하는 것이 옳습니다. 교회 지도자들이 함부로 김 권사는 구원을 받았고 최 집사는 구원을 받지 못했다고 평가하는 것은 잘못입니다. 그런데도 한국 교회에서는 이런 식으로 판정하고 선언하는 것을 어렵지 않게 볼 수 있습니다.

타종교를 포함한 불신자나 이단들이 하나님의 심판으로 지옥에 간다고 말할 수는 있습니다. 하지만 다른 교인들이 구원을 받았다거나 받지 못하였다고 평가하는 것은 피해야 합니다. 특히 이단들이 자기 단체나 집단에만 구원이 있고 다른 교회나 교인들에게는 구원이 없다고 하는 것은 비난받아 마땅합니다. 기독교인의 미래를 결정하는 분은 하나님입니다. 결코 권사, 장로, 목사가 구원 여부를 판단할 수 없습니다.

사실 신자라고 해서 항상 선한 말과 행동을 하는 것은 아닙니다.

때로는 죄를 짓고 나쁜 말과 행동을 할 수도 있습니다. 하지만 신자가 지향하는 삶의 중심과 방향은 세상이 아니라 하나님을 향하고 있습니다. 그래서 죄를 지으면 마음 아파하고 괴로워합니다.

반면 불신자의 마음 상태는 기본적으로 이와 다릅니다. 불신자의 마음의 중심은 대개 악하고 더러운 쪽으로 기울어져 있습니다. 물론 불신자도 양심이 있고, 인품이 훌륭하고, 마음을 수양하는 사람도 있다는 것을 부인하지는 않습니다. 하지만 대부분은 죄를 지어도 마음 아파할 줄 모르고 더 악한 죄를 짓기도 합니다. 예를 들면 신자는 배우자가 아닌 이성과 부적절한 성관계를 맺으면 마음 아파하고 괴로워하는 반면, 불신자는 마음 아파하지도 괴로워하지도 않는 경우가 대부분입니다. 심지어 부적절한 성관계를 자랑하기까지 합니다.

하나님이 불신자들에게도 일반은혜로 양심을 허락해주셔서 기본적인 사회질서와 안정을 이루어가시기도 합니다. 개중에는 양심이 특별히 발달해 도덕적이고 윤리적인 삶을 사는 사람도 있습니다. 그런 양심은 자신이 태어나고 자란 국가, 성별, 개인적 인격, 배움의 정도에 따라 다를 수 있습니다.

그럼에도 불구하고 신자는 하나님의 종이요 불신자는 사탄의 종이라고 간략하게 표현합니다. 신자가 정욕에 사로잡힌다면 사탄 마귀라서가 아닙니다. 도리어 자신의 자유의지와 남아 있는 죄성과 오염 때문이지요. 교인들이 저지르는 죄와 악의 책임을 마귀와 귀신에게 돌리는 것은 바로 귀신론에 영향을 받은 이단성 있는 집단들이 주장하는 내용입니다. 심지어 감기나 근육통, 후진하다가 사고를 낸 것도 귀신의 장난으로 돌리지요. 그런 식으로 신앙생활을 하면 거룩하고 아름다운 방향으로 삶의 변화가 이루어지지 않습니다.

거듭난 신자가 정욕에 계속 사로잡힌다면 잘못입니다. 마음의 죄성과 오염으로 죄악에 물들고 빠질 수는 있지만 반드시 회개하고 다시 돌아옵니다. 또 하나님을 신뢰하는 믿음이 있고 예수님과의 연합으로 성화되어가므로 차츰 그런 잘못이 줄어들게 됩니다.

하지만 불신자는 그렇지 않습니다. 죄악에는 중독성이 있어서 선한 삶을 살기 어렵습니다. 간혹 하나님의 일반은혜로 윤리적으로 건전한 종교를 믿거나 교육과 통제 및 간섭으로 줄어들 수는 있지만, 본질적으로 악에서 벗어나지는 못합니다. 저울의 방향이 악의 방향으로 기울어져 있으니까요.

의료사고로 고통당하고 있어요

Q 의사의 잘못으로 인해 아이가 태어난 지 얼마 안 되어 죽었습니다. 얼마나 억울하고 분통한지 밥도 먹지 못하고 계속 울고만 있습니다. 저는 전직 간호사입니다. 의사가 잘못했다고 한마디만 하면 되는데 사과하지 않습니다. 어떻게 하면 좋을까요?

A 하나님 품으로 돌아간 아기를 보며 엄마가 느낀 감정을 제가 얼마나 알 수 있겠습니까? 그럼에도 안타깝고 또 안타까운 심정으로 답합니다. 마음속에 그 의사에 대한 분노와 좌절, 억울함, 회의, 불신이 타오르고 있을 것입니다. 그럼에도 자매님은 그 의사를 용서해주기를 바랍니다.

　그 의사를 미워할수록 마음에 응어리가 지고 결국 곪게 됩니다. 심하면 환부를 도려내야 할 수도 있습니다. 남을 사랑하지 않으면 내가 병자가 됩니다. 그 의사를 용서하고, 예수님처럼 사랑할 수 없다면 그냥 잊어야 합니다. 냇물에 다 흘려보내야 합니다. 돌에 새기면 영원히 지워지지 않을 수도 있으니까요. 원수를 갚으려고 소송을 하면 간혹 승소하는 경우도 있지만 대개는 마음만 더 상하고 위자료도 별로 받지 못하는 것이 현재 한국의 실정입니다.

이 세상은 믿을 대상이 못 됩니다. 도리어 사랑으로 바라보아야 한다는 말을 많이 합니다. 우리는 많은 것을 믿지 못하면서도 무의식적으로 상대방을 믿고 살아갑니다. 무심코 먹는 생수 한 통, 버스·전철·택시 같은 대중교통, 점심 한 끼 그리고 자신이 근무하는 빌딩이 안전하다고 믿으며 살아갑니다. 그러지 않으면 세상에서 살아가기가 어렵습니다. 그래서 남을 사랑하지 못하면 병자가 된다고 하는 것입니다.

성경에도 이와 비슷한 사례가 많이 나오지만, 몇 가지만 함께 생각해보려고 합니다.

첫째, 아담과 하와의 아들 가인과 아벨입니다.

가인은 하나님이 동생인 아벨의 제사는 받고 자신의 제사는 받지 않자 시기와 질투로 동생을 죽입니다. 하지만 하나님은 가인에게 형벌을 주시지 않고 도리어 표를 주시고는 아무도 가인을 죽이지 못하게 하셨습니다(창세기 4:1~15). 그런데 이대로 끝이 아닙니다. 가인은 하나님의 백성이 되지 못하는 저주를 받습니다. 그 대신 하나님의 백성의 계보는 셋으로 내려오게 됩니다(창세기 4:25~26, 5:1~32). 즉, 가인은 목숨만 살아 있었을 뿐 이미 영적으로 하나님께 죽은 것입니다.

자매님에게 고통과 고난을 준 의사는 하나님이 반드시 심판하십니다. 준엄한 하나님의 심판이 있을 것입니다. 그는 하나님의 딸인 자매님을 고난으로 몰아간 장본인이기 때문입니다. 그는 살아 있어도 이미 죽은 사람입니다.

둘째, 야곱의 외동딸 디나 겁탈 사건입니다.

철없는 디나가 가나안 땅에서 혼자 산책을 다니다가 그 땅의 주인 세겜에게 겁탈을 당합니다. 하지만 세겜은 디나를 사랑해서 청혼하게 됩니다. 디나의 오빠 시므온과 레위는 이 결혼 제의를 받아들이는 척하면서 뒤로는 계략을 꾸며서 세겜성 주민들이 모두 할례를 받게 합니다. 그들이 고통 가운데 있을 때 시므온과 레위는 밤에 기습해서 모든 남자를 죽이고 재물을 약탈하는 잔인한 짓을 저지릅니다(창세기 34장).

결국 두 형제는 아버지 야곱의 축복을 받지 못하고 저주를 받게 되며(창세기 49:5~7), 별 볼일 없는 인생을 살게 됩니다. 나중에 레위지파는 그나마 하나님께 용서를 받아 어느 정도 회복이 됩니다(민수기 25:11~33).

셋째, 다윗왕의 맏아들 암논입니다.

암논은 이복누이인 다말을 겁탈한 뒤 헌신짝처럼 버립니다. 악중의 악으로 앞에서 예로 든 가나안 족속 세겜과는 완전히 대척점에 놓여 있습니다. 다말의 친오빠인 압살롬은 암논을 몹시 미워하다가 결국 기회를 노려 살해합니다(사무엘하 12장).

그 뒤 압살롬은 아버지 다윗에게서 왕위를 빼앗으려 반란을 일으켰다가 실패해서 도망가던 중 머리털이 상수리나무에 걸리는 바람에 요압 장군과 부하에게 발각되어 최후를 맞습니다(사무엘하 18:9~18). 압살롬을 죽이지 말라고 했던 다윗왕의 명령을 어기고 압살롬을 죽인 요압도 결국 다윗왕의 유언에 따라 솔로몬왕에게 죽임을 당합니다(열왕기상 2:28~34).

이 세 가지 사건이 우리에게 주는 교훈 한 가지는 "남을 시기하거나 미워하지 말라"는 것입니다. 그렇게 하면 자신이 병자가 됩니다. 자신이 죽을 수도 있다는 말입니다. 기도하십시오. 하나님께 그 미운 의사를 맡기십시오. 그 의사를 죽이든 살리든 하나님이 결정하실 것입니다.

자녀를 양육하는 좋은 지침을 알려주세요

Q 초등학생, 중학생을 자녀로 둔 성도입니다. 어떻게 양육하면 좋을지 혹시 지침이 있으면 알려주시길 바랍니다.

A 첫째, 신앙의 가정이 되어야 합니다.
신앙은 있어도 그만 없어도 그만이 아닙니다. 반드시 누구나 소유해야 할 것이 바로 하나님과 예수님에 대한 신앙입니다. 세상 사람들은 돈, 출세, 명예가 먼저지만 기독교인의 가정에서는 신앙이 먼저가 돼야 합니다. 신앙이 없는 사람은 살아 있어도 죽은 사람입니다.

부부 중심의 신앙생활은 가정생활을 등한시하라는 의미가 아닙니다. 어쩌면 가정생활이 첫째요 그다음이 봉사, 헌신, 전도 등 교회에서의 활동입니다. 가족의 사랑, 난합, 애성을 널리하고 교회 활동에 치중하는 것은 바람직하지 않습니다. 신앙이 없는 가족에게 교회에 나가자고 닦달하거나 강요하지 마십시오. 신앙은 강요로 탄생

하거나 성장하지 않습니다. 강요하면 오히려 더 반발심을 키울 가능성이 많습니다.

아이들은 부모의 신앙을 보고, 기도하는 모습을 보고, 삶의 모습을 보고 하나님을 경험하게 됩니다. 부모님이 무섭고 순종을 요구할 경우 무섭고 두려운 하나님을 만날 수밖에 없습니다. 신앙의 유산을 자녀에게 물려주되 건강한 신앙의 유산을 물려주는 것이 중요합니다. 건강하지 못한 신앙, 병든 신앙의 유산을 물려주는 부모가 의외로 많은 것이 안타깝습니다. 가정 예배를 권해드립니다. 짧게 드리되 자녀에게 강요하지는 말고 자발적으로 참여하게 해야 합니다.

둘째, 의사소통이 잘 이루어지는 가정이 되어야 합니다.

의사소통은 영어로 커뮤니케이션(communication)입니다. 즉, 라틴어의 com(함께)과 mune(나누는 것)의 합성어입니다. 따라서 가족들이 함께 나누는 가정이 되어야 합니다. 대화도 나누고 가지고 있는 것도 함께 나누어 사용하는 가정이 되어야 합니다. 특히 함께 식사하는 것이 매우 중요합니다.

가족 간의 대화는 거창한 것이 아니라 일상생활의 사사로운 것들을 주제로 해야 합니다. 특히 직장, 연애, 성적 등을 주제로 할 경우 분위기가 딱딱해지고 무거워지게 마련입니다. 그보다는 서로 칭찬하고 위로하는 말을 많이 하는 것이 바람직합니다. 특히 유교문화가 남아 있는 한국에서는 밥상 앞에서는 말하지 않는 것을 예의로 알고 있어 문제입니다. 하루빨리 고쳐야 할 관습이 밥상머리 대화법입니다.

자녀들은 특히 부모가 서로 이해하고 공감하고 사랑하는 모습을 보고 건강하게 자랍니다. 나중에 성장해서도 자신의 배우자와 자녀에게 이를 적용해 건강한 가정을 꾸릴 것입니다.

셋째, 치유하는 가정이 되어야 합니다.

자녀를 인격적으로 대하기를 바랍니다. "이 밥통아", "멍청아", "바보야", "나가 죽어라" 같은 폭력적 언어는 절대 금물입니다. 의외로 기독교인 가정 중에도 자녀를 비인격적으로 대하는 성도들이 많습니다. 상처를 보듬어주고 싸매주어야 할 가정에서 도리어 상처를 주는 것입니다. 대부분의 상처는 가정에서 생긴다는 것을 기억해야 합니다. 문제 자녀 뒤에는 반드시 문제 부모가 있다는 것을 말이지요. 대표적인 예로 대제사장 엘리의 두 아들 홉니와 비느하스가 있습니다. 잘못을 경책하지 않은 아버지로 인해 결국 가문이 멸망당하고 말지요(사무엘상 2장, 4장).

또한 학교와 사회에서 받은 상처를 치유해줄 수 있는 곳이 바로 가정과 교회입니다. 교회는 특성상 어떤 의미에서는 상처를 줄 수도 있습니다. 목회자와 성도 간의 몰이해, 불화, 불소통, 맹종으로 인해 상처를 받는 경우가 있지요.

부모는 말을 많이 하기보다는 자녀의 말을 경청하고 공감하는 것이 중요합니다. 부모는 자녀가 무엇을 잘해서 기쁘고 고마운 것이 아니라 자녀의 존재 자체에 감사해야 합니다. 그래야 자존감이 높은 기독교인으로서 이 사회의 일꾼이 되어 하나님의 나라를 확장시켜나갈 것입니다.

10
첫사랑을 회복하고 싶어요

Q 저는 신앙 햇수만큼 성경을 일독해서 지금 5독째 하고 있습니다. 처음 신앙으로 다시 돌아가고 싶습니다. 그때는 오직 하나님 생각뿐이라고 해도 과언이 아니었어요. 하나님이 좋으면서도 두려워서 언행이 조심스러웠거든요. 믿은 지 2년도 안 돼서 불신자인 남편과 작은아이도 교회에 나오게 되었지만 지금은 믿지 않습니다. 지금은 열정도 식었고, 머리만 커졌고, 비교하게 되고, 내 마음에 사랑이 없고, 죄에 대한 두려움도 사라졌어요. '교회를 옮기는 게 아니었구나' 생각하면서 시간만 흘러갑니다. 목사님! 제가 무엇부터 시작하면 될까요?

A 교회에 출석한 지 2년이 안 되어 남편과 자녀가 예수님을 믿게 되었다가 지금은 혼자만 간신히 신앙생활을 하고 있는 것으로 보입니다. 처음 나갔던 교회를 떠나 새로운 곳에서 신앙생활을 하면서 교회 옮긴 것을 후회하고 있고요. 그러면서도 매년

성경 일독을 하지만 신앙생활에 생동감이 없고 의미를 찾지 못하는 것으로 보입니다.

쉽지는 않지만, 이렇게 해보기를 바랍니다.

첫째, 반성하고 회개하는 마음을 주신 하나님께 감사드리고 스스로를 조금은 칭찬하기를 바랍니다. 그래야 용기가 나고 힘이 납니다.

둘째, 죄에 대해 느껴야 합니다. 죄를 짓지 않으려고 노력해보십시오.

간단하게 십계명 중 5~10계명을 지키려고 노력하십시오. 더 쉽게는 이웃을 사랑하는 마음으로 시기, 질투, 방탕, 욕심, 술 취함, 음행 등을 멀리하십시오. 그러다가 죄를 지으면 회개 기도를 하십시오. 아마도 죄를 짓지 않으려고 노력할수록 더욱더 죄를 짓고, 지나간 죄가 생각나는 것을 알게 될 것입니다. 그래야 예수님의 십자가 은혜를 알게 됩니다. 예수님의 사랑을 느낍니다. 내 힘으로 할 수 없다는 것을 알게 되지요. 그리고 하나님께 감사하게 됩니다. 주님에게 의지하게 되고요.

하나님이 무서워서 죄를 짓지 않으려고 노력하는 것이 아니라 하나님의 딸이므로 죄를 피한다고 생각해야 옳습니다. 수시로 성령님의 힘과 도움을 요청하는 기도를 하십시오.

셋째, 교회를 옮긴 것에 대해 다른 사람을 원망하거나 비난하지 마십시오.

결정은 자신이 한 것이고 자신이 옮기겠다는 마음을 가진 것입니다. 만약 교회를 옮긴 후 결과가 좋았다면 지금 같은 말을 하지 않았을 것입니다. 과거에 집착하거나 너무 큰 의미를 두지 마십시오. 현재와 미래가 중요합니다. 또한 교회가 중요한 것이 아니라 내 마음이 중요합니다. 신앙이 성숙한 신자는 교회가 중요하지 않습니다. 철든 자녀가 못나고 병들고 약한 부모님을 돌보고 모시잖아요? 교회도 마찬가지입니다. 성숙한 신자는 교회 탓을 하지 않습니다.

앞으로 올바른 교회를 만나기 힘든 시대가 다가올 것으로 예상합니다. 아니, 이미 도래했다고 해도 과언이 아닙니다. 내가 굳세게 서야 합니다. 복음이 무엇인지, 구원이 무엇인지 먼저 알고 이해해야 합니다.

넷째, 남편과 자녀 문제에 대해서도 나의 잘못을 인정하십시오.

내가 잘못해서 현재의 상황에 이르렀다고 느끼고 고백하기를 바랍니다. 내가 변화해야 합니다. 그러려면 내 마음과 말이 먼저 변화하고 남편과 자녀의 이야기에 공감해주어야 합니다. 나와 가족을 포함한 다른 사람들을 변하게 하려면 내가 먼저 변화해야 합니다.

현재 집사님은 잘하고 있는 것으로 보입니다만, 한 권의 양서를 소개합니다. 『공감』(김현옥 저, 비전과리더십)이라는 책을 읽으면 많은 도움을 받으리라 생각합니다.

성경도 두란노에서 나온 『우리말성경』과 성경과 함께 읽는 『90일 성경일독 - 통큰통독』, 『즐거운 성경 66권 탐구』 등 안내책을 함께 읽으십시오. 자신에게 알맞은 수준의 안내를 선택하는 것이 좋습니다. 성경을 5독 했으면 많이 읽은 것이지만, 아마 머리에 남은 게 별로 없을 것입니다. 성경 각 권의 주제와 기록 목적, 의미도 모르면서 그냥 읽었다는 것이지요. 앞으로는 매년 일독이 문제가 아니라 2년에 일독을 하더라도 천천히 생각하고 의미도 이해하면서 기도하고 묵상하는 가운데 성경을 읽으십시오. 그리고 적용하십시오.

지금 단계에서는 너무 자신을 책망하거나 꾸짖지 마십시오. 잘못한 것은 정직하게 하나님께 고백하고 회개하고 용서를 구하면 됩니다.

'나도 연약한 인간이어서 나태해지고 게을러져 하나님에 대한 처음의 열정도 식고 신앙도 많이 약해질 수 있어. 하지만 하나님은 나의 아버지시니 나를 절대 버리지 않아! 지금부터 다시 시작하자!'

이렇게 생각하고 믿기를 바랍니다. 자신을 억압하거나 추궁하지 마십시오. 그래도 집사님은 열심히 살아왔습니다. 혼자 신앙생활을 하고 살림하느라 얼마나 힘이 들었나요? 하나님은 집사님을 사랑하십니다. 그것도 너무너무 사랑하신다는 것을 잊지 마세요.

11

아이들에게 화를 내고 때리기도 합니다

Q 목사님, 저는 쉽게 화를 내고 분노가 치밀면 아이들을 때리기도 하는 나쁜 엄마입니다. 포악스럽고 무서웠던 친정아버지 때문인지 지금 제 모습이 그런 아버지를 닮아 있는 것 같아 몹시 괴롭습니다. 기도하고 성경을 읽어도 마음대로 되지 않습니다.

A 쉽게 화를 내고 분노하고 아이들을 때리기도 하는군요. 엄마의 아픔과 고통이 느껴집니다. 누구보다 아이들에게 잘해주고 싶고 하나님 앞에서 훌륭한 아이로, 신앙인의 모습으로 키우고 싶은데 잘되지 않아서 고민하고 있군요.

기도하고 성경을 읽어도 적당한 방법을 발견하기는 어렵습니다. 어떻게 화를 참고 줄일 수 있는지 그 방법을 성경은 알려주지 않습니다. 단지 성경은 원칙과 규칙을 알려줄 뿐입니다. 성경은 백과사전이 아니니까요. 기도도 그 때문일 경우가 많습니다. 기도가 끝나면 제자리로 돌아가 있는 자신을 발견할 것입니다. 그럼에도 성경을 읽고 묵상하며 기도해야 하는 것은 당연한 일이지요.

매사 부정적이고 신경질적인 나, 짜증을 내고 또 후회하고 반성하는 나를 발견하며 놀라기도 합니다. 왜 그럴까요? 내 마음의 문제로서 마음이 먼저 변화되어야 합니다. 집사님은 다른 사람에게 나의 잘못을 돌리는 경우가 있을 것입니다. 그러면 고치기 힘듭니다. 화를 내는 것도 내 문제요, 아이들을 욕하고 혼을 내는 것도 내 문제입니다. 아이들에게 책임을 전가하고 나는 살짝 빠져나오면 교정하기 어렵습니다. 즉, 너희들이 잘못해서 엄마가 화를 내고 때린다는 식이지요.

이제 중요한 것은 집사님 자신을 먼저 발견하는 일입니다. 어렸을 때 집사님에게 상처를 주었던 아버지가 집사님의 마음에 남아 있는 것이 아닐까요? 어린 나를 욕하고 때리고 상처를 주던 아버지가 마음에 자리 잡고 있는 것은 아닐까요?

집사님, 우선 조용한 시간과 공간을 마련하십시오. 그리고 눈을 감고 자신을 조용히 바라보세요. 아마 저 안에서 쪼그려 울고 있는 한 아이를 발견할 수 있을 것입니다. 아버지의 폭언에 상처받고, 때로는 손찌검을 당하고 아파서 우는 아이 말입니다. 무릎 꿇고 두 손을 모아서 아버지에게 빌고 있는 나의 모습, 아버지가 무서워 집에 들어가지도 못하고 동네를 어슬렁거리거나 친구 집에서 배회하는 모습이 혹시 그려지지 않나요?

고생이 많았습니다. 그 아이를 위로해주세요. 그런 집사님 자신을 위로해주세요. 자신에게 "oo야, 잘 참았어", "oo야, 너 참 아팠지? 수고했어. 고생이 많았다", "oo야, 얼마나 힘들었니" 하고 자신에게 말을 거십시오. 자신을 위로해주세요. 눈물이 나면 많이 우십시오. 한없이 울어도 됩니다. 하나님이 집사님을 위로해주실 것입니다. "그래, 네 마음을 이해한다", "네가 얼마나 힘들었는지 안단다" 하고 말씀해주실 것입니다. 그런 가운데 집사님의 마음을 읽고 함께 울어주시는 주님도 발견하게 될 것입니다.

아버지가 왜 그랬을까 생각해보세요. 혹시 친정아버지도 아버지에게 매를 맞으면서 성장하지는 않았을까요? 아니면 그 시절에 살았던 분들은 대개 경제적인 어려움을 많이 겪었으니 먹고사는 게 힘들어서 자녀들에게 폭력을 휘두른 것은 아닐까요? 아버지도 하고 싶었던 공부나 사업이 있었는데 아내와 자식 때문에, 아니면 가난한 집안 사정이나 다른 어떤 사정으로 하지 못해 마음속에 응어리가 남아 있었던 것은 아닐까요?

한번 친정아버지의 마음을 헤아려보기를 바랍니다. 그리고 아버지를 용서하세요. 못난 아버지를 이해하고 용서하기를 바랍니다. 만약 생존해 계시다면 찾아가서 "저를 낳아주시고 이만큼 길러주셔서 고맙습니다" 하고 말씀드리세요. 맛있는 것도 사드리고 잘 대접해드리세요. 아마도 아버지는 늙고 병들어 몹시 작아져 있을지도 모릅니다. 그리고 아버지께 고생 많으셨다고, 수고하셨다고 말하며 위로하고 감싸 안아주십시오. "왜 저를 그렇게 괴롭히고 힘들게 하셨느냐"는 말은 하지 마십시오. 그런 말을 하지 않아도 아마 아버지는 미안하다고 사과하실 것입니다. 어쩌면 우실지도 모릅니다. 그러면 그분을 꼭 안아드리세요.

아니, 그분의 사과가 없더라도 이제는 그분을 용서해야 합니다. 혹시 말을 못하시거나 어쩌면 하나님 품으로 돌아가셨을지도 모릅니다. 그래도 아버지의 마음으로 돌아가보기를 바랍니다. 그리고 '아버지가 지금 내 앞에 있다면 내게 뭐라고 하셨을까' 생각해보고 직접 말을 한번 해보십시오. 아버지가 되어 말을 해보는 것입니다.

마찬가지로 아이들에게 사과하고 잘못을 빌기를 바랍니다. "엄마가 미안하다. 못난 엄마가 너희를 욕하고 때려서 미안하다", "잘못했다, 얘들아. 엄마를 용서해다오. 엄마가 너희를 처음 키워봐서 나도 잘 몰랐단다" 하고 고백하기를 바랍니다. 무릎 꿇고 용서를 비세요. 물론 모든 과정에서 반드시 기도해야 합니다. 집사님 자신과 아버지, 아이들의 마음 문을 열어달라고요.

모든 잘못이 자신에게 있다는 것을 알아야 고칠 수 있습니다. 나의 이런 모습이 내 아버지, 남편, 자녀들 때문이라고 생각하면 고치기가 매우 어렵습니다. 물론 거칠고 무서운 아버지나 남편, 말을 듣지 않고 속 썩이는 아이들 때문일 수도 있지만, 10%라도 거기에 책임이 있다고 생각하면 고치기 힘듭니다. 모든 것이 100% 내 잘못이라고 하는 순간, 사람은 변화하기 시작합니다. 주님 앞에서 "제가 죄인입니다. 악의 괴수입니다. 저의 죄는 너무 커서 용서받을 수도 없습니다" 하고 고백하고 인격적인 주님을 만나는 순간 거듭나는 것과 비슷합니다.

이제 이 글을 읽어보고 난 뒤 기도하면서 먼저 자신을 위로하고, 용서하고, 사랑해주기를 바랍니다. 나에게서 먼저 치유가 일어나야 합니다. 그리고 이런 상담은 단시간에 이루어지지 않습니다. 가장 좋은 방법은 기독교 상담자를 방문하는 것입니다. 하나님을 믿지 않는 상담자는 별로 도움이 되지 않으니 반드시 기독교인이면서 성경도 잘 아는 상담자를 만나보십시오.

Chapter 04

성경 상담

①

목사님이 성경의 비밀을 알려준다고 합니다

Q 교회 권사님에게 영국에서 목회를 하고 있다는 여자 목사님을 소개받아 성경공부를 하고 있습니다. 잠시 한국에 휴가차 나왔다가 몇 달 뒤에는 다시 영국으로 돌아간다고 합니다. 저희 집에서 3번 성경공부를 했는데, 성경을 거의 외우는 것 같습니다. 저에게 성경의 비밀을 알려주어 깨닫게 해준다면서 그 목사님을 만난 것이 엄청난 행운이라고 말합니다.

A 그 목사라는 사람은 가짜 목사요 이단이라고 볼 수 있습니다. 그 사람을 경계하고 멀리해야 합니다. 그런 사람에게 성경 교육을 받지 마십시오. 교회로 돌아가십시오. 교회 밖에서 하는 성경 교육이나 공부는 99.9%가 가짜입니다. 이단들이 이런 수법을 사용합니다. 그리고 성경 속의 비밀을 깨닫게 되고 자기를 만난 것을 행운이라고 주장하는 것은 모두 거짓말입니다. 성경 속에 비밀이 있다고 해도 우리는 그것을 다 알지 못합니다. 기라성 같은

신학자들과 목사들도 성경에서 알지 못하는 것이 있습니다. 만약 누군가가 성경의 비밀을 다 안다고 하면 바로 자신이 하나님, 아니 하나님보다 더 높은 하나님이 되는 것입니다. 속지 마십시오.

그 여자 목사가 S이단이라면 이런 특징을 보일 것입니다.

1. 자신을 목회자(목사나 선교사)로 소개한다.
2. 성경공부를 정통교회가 아니라 가정집이나 어떤 건물(센터)에서 한다.
3. 집안 식구와 교회 식구를 포함한 다른 사람에게 성경공부 하는 것을 말하지 말라고 당부한다.
4. 성경 속의 비밀을 알려준다고 한다.
5. 비유 풀이, 말씀의 짝이라는 말을 자주 한다.

이단들은 우리에게 항상 광명의 천사로 가장하고 나타나며(고린도후서 11:14), 사탄의 모습으로 다가오지 않습니다. 주로 성경공부를 같이 하자고 하면서 친근하게 접근합니다. 장로, 권사, 심지어 목사가 성경을 가르쳐준다고 할 때 교회 밖의 교육이라면 경계하거나 거부해야 합니다. 정통교회는 교회당 밖에서 교육이나 강의를 하는 경우가 거의 없습니다. 게다가 무료로 성경을 알려준다면 100% 이단일 가능성이 있습니다. 성경은 교회에서 목회자와 함께 공부하길 바랍니다.

혹시 교회에서 어떤 사정으로 성경공부를 등한시하거나, 본인이 성경공부를 받을 환경과 여건이 되지 않는다면 직접 성경을 읽으며 집에서 공부해도 됩니다. 저 또한 하나님의 도우심과 은혜가 있어서 독학으로 오늘날의 제가 있게 되었습니다. 물론 여러 목사님들의 도움이 있었지만 기본적으로는 저 스스로 공부하고 노력했습니다. 서점에 가보면 통독하면서 함께 읽을 만한 책이 아주 많습니다. 예를 들어 『통큰통독』, 『즐거운 성경 66권 탐구』 같은 책도 있고, 『만화 성경개관-신약편』, 『만화 성경개관-구약편』도 있지요.

설교에서 말하는 약속(언약)이란 무엇인가요?

Q QT를 하거나 설교에서 "하나님의 약속은 믿음으로 순종하는 사람의 몫이다"라는 말을 자주 듣습니다. 하지만 저는 하나님과 약속한 적도 없고, 하나님께서 제게 어떤 분명한 약속을 해주신 적도 없어요. 하나님께서 아브라함, 야곱, 다윗 등의 인물에게 약속하신 것들은 성경에 나와서 알겠는데, 도대체 저한테 주신 약속은 무엇일까요? 궁금합니다.

A 하나님이 아담, 노아, 아브라함, 모세, 다윗, 예레미야와 맺은 약속(신학적으로 언약)을 나와 맺은 약속으로 믿어야 합니다. 대부분의 신자들은 하나님이 이스라엘 백성 또는 아담, 아브라함, 모세, 다윗 등 어떤 개인과 맺은 약속을 나와 관계없는 것으로 알고 성경을 읽고 해석합니다. 그렇기 때문에 마음에 감동이 없고 변화가 없는 것입니다. 담임목사님의 설교나 QT에서 약속이라는 용어를 보면 언약이라고 생각하십시오.

하나님이 이스라엘 백성이나 특정인과 맺은 약속(언약)은 곧 나와 맺는 약속이라고 믿어야 한다고 말씀드렸습니다. 이렇게 해석하고 적용하지 않으면 나에게 아무 유익도 없고 능력도 나타나지 않습니다. 그래서 불신자들이 성경을 읽을 경우 『구약』을 읽으면 전쟁을 하는 잔인한 하나님으로 이해하고, 『신약』을 읽으면 사랑이 많은 예수님으로만 느끼는 경향이 있는 것입니다. 아니면 착하게 살라고 가르치는 도덕과 윤리책으로 성경을 알고 느끼게 되지요. 물론 신자들 가운데도 이런 식으로 성경을 이해하는 사람들이 없지 않습니다. 모두 숲을 보지 못하고 나무만 보기 때문에 생기는 현상입니다.

성경에서 말씀하는 약속은 내가 예수님을 내 구세주로 믿고 의지하면 죽지 않고 영원히 산다는 것이고, 죽어도 죽지 않고 하나님과 영원히 산다는 것입니다. 현생을 살아가면서 하나님의 백성(저도 포함됩니다)은 아브라함이나 이삭처럼 물질, 건강, 출세 등 세상의 복도 받을 수 있다는 것이지요. 이런 세상 복의 소유주는 하나님입니다. 그러므로 하나님이 주시면 받고 주시지 않으면 받지 못한다고 이해하는 것이 중요합니다.

성경이 말씀하는 세상 복은 올바르고 영원한 복이 아니기 때문이며, 그런 복은 청지기의 개념으로 이해하고 하나님 나라를 위해 사용하고 불우한 이웃을 돕는 데 사용해야 합니다. 그렇다고 해서 자신과 가족의 의식주와 취미나 여가 활동에 사용하지 말라는 의미는 아닙니다. 하나님은 우리의 행복, 평안, 사랑을 원하시는 분이지 우리의 불행과 고난을 원하시지 않는다는 것을 기억해야 합니다.

『구약』에서 아브라함의 복의 개념(창세기 12:2~3)은 『신약』의 갈라디아서 3장에 아주 잘 표현되어 있습니다. 우리 기독교인도 이에 해당됩니다.

> 그런즉 믿음으로 말미암은 자들은 아브라함의 자손인 줄 알지어다 (3:7)
> 그러므로 믿음으로 말미암은 자는 믿음이 있는 아브라함과 함께 복을 받느니라 (3:9)
> 너희가 그리스도의 것이면 곧 아브라함의 자손이요 약속대로 유업을 이을 자니라 (3:29)

내가 예수님을 믿는 신자라면 아브라함의 자손이요, 아브라함의 복을 받을 상속자라고 성경은 말씀합니다. 그러나 이런 약속들은 결국 믿음과 순종(목사에 대한 순종이 아니라 하나님과 하나님의 말씀에 대한 순종이라는 의미)이 없이는 내 것이 되지 않습니다. 그러므로 예수님을 믿지 않는 불신자와 타종교인에게는 이런 말씀이 해당되지 않는다는 것이지요.

결론적으로 하나님과 나는 약속(언약)을 맺었습니다. 약속이란 원칙적으로 상대방과 내가 동시에 지켜야 하는 것입니다(신학적으로는 쌍무계약). 그러나 이런 약속을 하나님이 나와 일방적으로 맺으시고 당신이 혼자 이 약속을 지키겠다고 하셨습니다(신학적으로는 편무계약). 하하나님은 아담 언약, 모세 언약 등 한두 가지를 제외하고는 우리와 편무계약을 맺으셨습니다.

편무계약을 맺었으니 나는 지키지 않아도 됩니다. 내가 지키는 것이 아니라 하나님이 자신에게 지키는 약속(언약)이니까요. 이것은 하나님이 지키시지 못하면 자신의 몸이 두 동강이 나서 죽는다는 것을 뜻합니다(언약의 히브리어는 '베리트'로서 '자르다', '죽이다'라는 뜻입니다). 그래서 '은혜의 언약'이라고도 합니다. 얼마나 감사하고 고마운지요!

아담, 노아, 아브라함 같은 사람과 맺은 약속은 예수 그리스도의 십자가 공로로 고스란히 나에게 유산으로 전수됩니다. 그러나 이것이 내 마음에 전달되고 느끼려면 믿음과 순종이 필요합니다.

자매님이 느끼는 하나님의 약속은 아마 돈, 명예, 출세, 결혼, 건강, 식구들과 연관된 문제일 것입니다. 그것은 기독교의 입장에서 보면 비본질입니다. 본질은 하나님의 자녀가 되어 어렵고 암울한 이 땅의 환경과 여건 속에서도 하나님의 의와 평강과 희락을 이뤄 나가며 장차 다가올 천국을 기다리는 것입니다. 이런 하나님의 나라를 나의 짧은 인생 동안 이 세상에서 경험하고 성취해가며, 장차 내 생명이 끊기는 그 시점에 하나님과 나는 영원히 함께 사는 것입니다. 이것이 하나님이 나에게 주신 약속입니다.

03

성경과 비슷한 기록물이 신화나 설화에도 있어요

Q 예수님에 관한 글이 이집트 신화에 나오는 태양신 신화와 유사하고, 노아의 방주나 모세의 십계명, 부활, 심판 등이 성경이 기록되기 훨씬 전에 이미 기록으로 남겨져 있다고 합니다. 성경이 여러 신화나 기록을 짜깁기해서 만들어졌다는 유튜브 동영상을 보았습니다. 어떻게 성경 내용과 아주 비슷한 이야기들이 성경 기록보다 먼저 있을 수 있나요?

A 무척 기분이 나쁘고 속이 상했으리라고 봅니다. 제작자가 불분명한 유튜브 동영상은 시청하지 않는 것이 좋습니다. 누가, 언제, 어떤 목적으로 그런 영상물을 제작했는지 모르기 때문입니다. 특히 어둡고 악한 세력들, 즉 사탄들이 그런 영상물로 신자들의 마음을 혼란스럽게 해서 기독교를 떠나게 하려는 의도가 숨어 있다는 것을 잊지 말아야 합니다.

질문한 것을 하나씩 설명하려면 끝이 없으니 몇 가지만 예를 들어 설명해보겠습니다. 논란이 가장 많은 것이 노아의 홍수 사건입니다. 학자들의 연구에 따르면 노아의 홍수 사건은 다른 민족들의 200여 가지 신화에도 부분적으로 등장한다고 합니다. 놀랄 것이 없다는 말이지요.

예를 들어 중국 신화에도 홍수의 주인공인 노아와 비슷한 '누와'라는 이름이 등장합니다. 이 외에도 이집트의 경전, 인도의 산스크리트어, 태평양 제도에 사는 여러 민족의 민담, 호주와 뉴질랜드의 원주민과 유럽 토착민 및 남북아메리카 원주민의 전설 속에도 홍수 이야기가 있다고 합니다.

가장 유명한 중동 지방의 홍수 기록은 『길가메시 서사시』입니다. 『길가메시 서사시』에는 흙으로 인간을 창조하고 홍수에서 살아남은 우트나피슈팀이 전해주는 대홍수 이야기가 담겨 있습니다. 그래서 성경의 창조나 홍수 이야기는 바벨론 신화를 모방한 것이라는 주장이 나오게 되었습니다.

그런데 창세기와 『길가메시 서사시』를 비교 분석하면 형식적 유사성은 보이지만 본질적인 내용은 전혀 다릅니다. 몇 가지 중요한 내용을 살펴봅니다.

1. 창세기에는 사람이 흙으로 빚어져서 하나님의 생기로 만들어졌지만, 『길가메시 서사시』에는 흙과 신의 피를 섞어서 만들었다고 합니다.
2. 창세기에는 죄악으로 물든 인간을 심판하고 새 역사를 만들려

는 하나님의 섭리와 마음이 담겨져 있는 반면, 『길가메시 서사시』에는 신들이 홍수를 계획하고 자신들이 편애하는 인간들이 살아나면 그들을 신으로 만들었다고 합니다.

3. 창세기에는 유일신 하나님만이 등장하지만 『길가메시 서사시』는 다신론을 말하고 있으며, 이 신들은 기원과 계급과 계보가 있고 서로 죽이고 죽기까지 합니다. 그러나 창세기의 하나님은 스스로 존재하므로 기원도 없고 다른 신이 등장하지 않습니다.

따라서 창세기와 『길가메시 서사시』는 형식은 비슷해 보일 수 있지만 내용은 대단히 다르다는 것을 이해해야 합니다. 또한 대홍수에 사용되었던 노아의 방주가 터키의 국경 아라랏산(아라라트산)에 실제로 존재한다고 주장하는 사람들도 있습니다. 그러므로 노아의 홍수를 성경이 짜깁기했다는 것은 성경의 실제 역사를 폄하하고 무시하는 말이라고 보아야 합니다.

질문한 내용 외에 덧붙이자면, 모세 율법의 경우 이전에 존재했던 함무라비법전과 내용 면에서는 비슷한 점이 많지만 가난하고 소외된 사람을 존중하고 이해하는 포괄적인 법과 지침을 담고 있습니다. 『구약』의 모세오경부터 역사서인 여호수아서, 에스더서까지도 그 당시에 있던 역사책을 참조했다는 것을 암시하는 기록이 성경에 나옵니다. 예를 들어 창세기 5장 1절, 민수기 21장 14절 같은 기록이지요.

약간 혼란스러울 수도 있다는 것을 압니다. 지금까지는 하나님의 말씀인 성경이 하나님이 불러준 대로 기록한 것으로서 매우 독보적이고 독창적인 책인 줄 알았을 것입니다. 그런데 다른 나라의 법률책, 역사책 등을 참조할 수도 있다는 것을 알면 놀랍고 실망스러울 것입니다. 신학교에서도 교수님들이 이렇게 강의를 하므로 시험(?)에 드는 학생들이 적지 않습니다(웃음).

하나님은 성경을 기록할 당시 주변 국가의 정치나 경제, 문화, 법률 등을 무시하시지 않았습니다. 하나님은 인류 역사와 함께하시며 한 번도 인간의 역사를 무시한 적이 없으셨습니다. 하나님은 실제 역사 속에서 이스라엘이라는 한 나라를 선택해 인간들의 삶 속에서 함께 호흡하고 활동한 인격적인 분이시지 신학적으로 세상을 창조하고 떠나버린 분이 아니라는 것이지요.

성경은 하나님이 불러준 것을 사람이 기계적으로 기록한 책이 아닙니다. 하나님은 성경 기자의 성격, 학식, 경험, 믿음 등을 다 고려해 기록하게 하셨으나, 성령님의 간섭과 역사로 놀라우리만큼 상호 모순점이 없는 통일성, 충족성, 완전성을 보여줍니다. 성경은 100% 하나님의 작품이요 100% 인간의 작품이라는 것을 기억해야 합니다.

한국과 일본, 중국의 문화에 비슷한 점이 아주 많다는 것을 알 것입니다. 특히 동양 사람들은 서로 비슷한 문화와 생각을 가진 경우가 많습니다. 마찬가지로 고대 이스라엘의 문화와 풍습도 중동 지방과 비슷한 것이 많았습니다. 특히 나쁜 문화, 이를테면 성적인 타락이라든가 사람을 신에게 바친다든가 이방신을 섬기는 행위 등이 아니면 하나님은 그런 문화도 허락하셨다고 볼 수 있습니다

 질문하신 대로 모세의 십계명은 함무라비법전과 비슷한 부분이 있습니다. 부활, 심판 등은 어느 종교나 등장하지요. 인간이라면 영원히 살고 싶은 것이 당연하고, 사후에 신의 심판이 있다는 것은 불교나 힌두교나 민간신앙에도 등장하는 내용입니다. 그런데 모든 사람이 죽고 다시 살아나지 못했지만 예수님은 역사적으로 부활하신 것이 입증됩니다. 다른 종교나 민간신앙은 그런 소망이나 바람만 있었을 뿐이지요.

 결론적으로, 성경이 어떤 기록이나 신화를 짜깁기했다는 말에는 기독교를 음해하고 폄하하려는 의도가 숨어 있습니다. 하나님은 이방 나라들의 기록물조차 필요하면 이용할 수 있게 허락하셨다고 보는 것이 정확할 것입니다. 왜 하나님이 그런 것을 사용하지 못하게 하셨다고 생각하나요? 세상의 모든 일이 하나님의 주권과 섭리 아래 있다는 것을 반드시 기억하십시오.

04
성경에 3년 6개월이라는 구절이 있나요?

Q 성경에 3년 6개월이라는 구절이 나온다고 하는데, 아무리 검색해봐도 나오지 않습니다. 그 의미가 '주님의 일을 하도록 준비하는 기간'이라고 하는데, 이해가 가지 않습니다. 사실인가요?

A '3년 6개월'이라는 용어는 성경에 없습니다. 성경을 문자적으로 읽고 해석하는 데 익숙하기 때문에 검색해도 없다고 말하는 것입니다. 하지만 성경에는 '마흔두 달(요한계시록 11:1~3, 13:4~5)', '한 때 두 때 반 때(다니엘 7:24~26, 12:7~13)', '천이백육십 일(요한계시록 12:5~6)'이라는 표현은 있습니다. 이를 일반적으로 '3년 반'이라고 표현합니다. 이 용어는 『구약』의 다니엘서와 『신약』의 요한계시록에 나옵니다.

3년 반을 지나치게 강조하는 것은 주로 사이비 이단이나 이단성이 있는 교회나 목사들입니다. '주님의 일을 하도록 준비하는 기간'도 올바르지 못한 해석입니다. 우리는 항상 주님의 일을 하는 사람들이 아닌가요? 주님의 일인 하나님의 나라가 이 땅에 도래하고 성취되도록 하나님 사랑과 이웃 사랑을 실천하며 살아가는 사람들이 아니냐는 것입니다. 그러니 3년 반만 주님이 일을 하도록 준비하는 기간이라고 하는 것은 상식적으로 틀리다는 것을 알 수 있지요.

3년 반이라는 것은 종말에 있을 적그리스도의 통치 아래 놓이는 어떤 기간을 말합니다. 하나님을 대적하는 어떤 세력 아래서 환란과 고난을 당한다는 것이지요. 그러나 그때가 언제인지, 3년 반이 물리적 숫자인 1,260일인지 단순히 상징적인 의미인지 아무도 모릅니다. 다만 성경적으로는 하나님의 진노로 3년 반 동안 비가 내리지 않았다(열왕기상 17:1)는 내용과 연관해서 해석할 수 있습니다. 고난을 당했다는 의미에서 물리적인 3년 반으로 해석할 수 있다고 주장하는 학자도 있습니다.

그런데 이렇게 잘못 해석하는 사람들도 있습니다.

사무엘이 이스라엘을 다스린 해가 마흔두 해(사무엘상 13:1)라거나, 엘리사에게 저주하는 청년(성경은 아이들) 마흔두 명을 암곰 두 마리가 나타나 죽였다(열왕기하 2:24)고 42(3년 반)라는 숫자를 확대해석하는 것입니다. 이는 주로 사이비 이단들이 하는 문자적 대입이라는 것을 기억하십시오. 더 나아가 666, 14,400, 2,300 주야, 24/7이라는 숫자를 특별히 강조하고 유달리 해석하는 단체나 교회는 사이비 이단이나 병든 교회라고 보는 것이 좋습니다.

05

아담 전에 다른 사람들이 있었나요?

Q 어떤 선교사님이 아담 전에 다른 사람들이 있었다고 합니다. 창세기에 가인이 아벨을 죽인 뒤 다른 사람들이 자신을 죽일까 봐 걱정하는 부분이 있다고 말입니다. 사실인가요? 혼란스럽습니다.

A 하나님은 6일째 아담을 창조하셨습니다(창세기 1:26, 2:7). 그 뒤 아담이 혼자 사는 것이 좋지 않아 두 번째 인물인 하와를 만드셨습니다(창세기 2:18). 그래서 가인이 동생 아벨을 죽인 뒤 다른 사람들이 자신을 죽일까 봐 걱정했다는 구절을 보고 당황하는 분들이 있습니다(창세기 4:14). 가인이 부모를 무서워할 리는 없고 세상에는 다른 사람이 아무도 없는데 왜 무서워하느냐는 것이지요.

성경을 볼 때 기억해야 할 중요한 사항이 있습니다.

첫째, 성경은 꼭 필요한 인물이 아니면 이름을 말하거나 언급하지 않는 특징이 있습니다. 성경은 인물사전이나 백과사전이 아니라는 것을 망각하는 신자들이 많습니다. 한편, 이방인인 한국인이 볼 때 성경의 인물들은 대부분 생소합니다. 그래서 이름을 나열하면 대개 지겨워하거나 건너뛰어 읽습니다. 하지만 이스라엘 사람들이 볼 때는 자기들의 족보이니 매우 중요한 역사적 사실이 됩니다.

둘째, 성경이 가라는 곳까지는 가고 서라고 하는 곳에서는 서야 합니다. 성경이 말하는 것은 열심히 공부하고 탐색하지만, 성경이 침묵하는 부분은 함께 침묵해야 합니다. 성경을 잘 모르는 사람들이 상상력을 동원해서 해석하는 것은 매우 위험합니다. 하나님께 '계시'나 '직통계시'를 받았다면서 이단들이 주로 이런 식으로 해석합니다. 하기야 이단들은 오늘도 계시를 달라고 아우성치는 기도를 많이 합니다. 성경이 계시인 줄 모르고 자기에게만 특별한 계시를 달라고 하니 참으로 이해하기 어렵고 답답합니다.

이단들은 상상력을 동원해서 어떤 논리를 만들어냅니다. 그중 하나가 '이중아담론'입니다. 아담 이전에 이미 다른 사람들이 존재했다는 것이지요. 가인이 만나기를 걱정하고 두려워했던 사람들이 바로 그들이라는 것입니다. 이단들의 논리가 옳은 것 같지만 성경은 이를 부인합니다. 이유는 다음과 같습니다.

첫째, 아담과 하와는 가인과 아벨 외에 다른 자녀를 더 낳은 것이 분명합니다.

"아담은 셋을 낳은 후 팔백 년을 지내며 자녀들을 낳았으며"(창세기 5:4)라는 구절입니다. 아담이 800년 동안 다른 자녀들을 낳았을 가능성이 큽니다.

둘째, 아담은 문자 그대로 첫 사람입니다.

"기록된 바 첫 사람 아담은 생령이 되었다 함과 같이 마지막 아담은 살려주는 영이 되었나니"(고린도전서 15:45)라는 구절입니다. 성경은 아담이 첫 사람이라고 분명히 말씀합니다. 헬라어로 프로토스(모든 것보다 먼저라는 뜻) 안드로포스(사람, 인간이라는 뜻)가 바로 아담이라고 분명히 못을 박았습니다. 그런데 어떻게 아니라고 할 수 있을까요?

반면 이중아담론자들은 아담 이전의 사람들은 동물적 존재이므로 사람으로 표현하기가 어렵다고 합니다. 이중아담론자의 주장은 다음과 같습니다.

1. 하나님이 동물적인 남자와 여자를 창조하였다.
2. 남자와 여자에게는 '영'이 없다.
3. 하나님이 그중에서 가장 뛰어난 한 남자를 택하였다.
4. 그 남자의 코에 생기를 불어넣었다.
5. 그 사람이 바로 아담이다.

만약 아담 전에 있었던 사람들이 이중아담론자들의 주장대로라면 심각한 문제가 발생합니다. 하나님이 동물을 택해서 사람을 만든 것이 되니까요. 하지만 성경은 분명히 우리(삼위일체 하나님을 뜻함)가 사람을 만들고(창세기 1:26), 하나님의 형상대로 사람을 창조하셨다(창세기 1:27)고 말씀하십니다. 여기서 사람은 아담입니다. 결국 이중아담론에는 상상력을 동원해 성경을 왜곡하고 자신들의 잘못된 교리를 심어주려는 사탄의 전략이 숨어 있습니다.

  그 선교사는 이단으로 생각됩니다. 그는 이단인 S교회의 K목사가 주장하는 이중아담론을 주장하고 있으니까요. 그 선교사와의 모든 교제를 끊고, 그에게서 배운 내용은 머릿속에서 지워야 합니다. 교회 밖에서 이루어지는 교육은 매우 위험하며 피해야 한다는 것을 기억하십시오.

06
안수할 때 머리에 기름을 바르는 행위가 성경적인가요?

Q 담임목사님이 예배 후 머리에 손을 얹고 안수기도를 하는데, 작은 병에 있는 기름을 꺼내 손에 발라서 사용합니다. 나이 드신 권사님이나 집사님들은 이것을 좋아합니다. 성경적으로는 어떻게 보아야 하나요?

A 성경 몇 구절이 생각납니다. 가장 대표적인 성경 본문은 야고보서 5장 14절입니다.

> 너희 중에 병든 자가 있느냐 그는 교회의 장로들을 청할 것이요 그들은 주의 이름으로 기름을 바르며 그를 위하여 기도할지니라

이 구절은 1세기 후반에는 장로들이 병자에게 기름을 바르고 기도했지만 오늘날에는 의사에게 치료받는 것을 뒷받침하는 구절로 주로 사용됩니다. 또 병자에게 병원에 가지 않고 기도로만 치유받을 것을 강요하는 목회자들도 이 구절을 사용합니다. 그런데 정통교회

에서는 목사가 병을 치유하는 목적으로 기름을 사용하는 일은 없다고 보아야 합니다. 그것은 이단들이 주로 사용하는 방법이기 때문입니다.

성경을 기록할 당시에는 병자에게 기름을 바르는 것이 사회적인 관습이었습니다(마가복음 6:13 / 누가복음 10:34). 상처가 나거나 다쳤을 때도 기름을 발랐습니다(이사야 1:6). 상처가 생기면 빨간약(머큐로크롬)을 바르던 제 어린 시절과 유사합니다. 과거 군대에서는 배가 아파도 빨간약을 발랐습니다. 일종의 민간요법이라고 볼 수 있습니다. 화상을 입으면 된장을 바르고, 모기에 물리면 침을 바르기도 했지요. 지금 생각하면 참 어리석은 방법이었습니다.

예수님 시대에 기름은 빵에 발라 먹는 식용, 불을 밝히는 등화용(마태복음 25:1~3), 비누용(예레미야 2:22), 화장용(시편 104:15), 손님의 머리에 사용하는 대접용(누가복음 7:46)으로서 널리 사용된 일종의 만병치료제였습니다. 교회사에서 이런 도유(塗油, anointment)는 가톨릭의 도유식(기름을 붓거나 바르는 행위)에서 사용해왔습니다. 천주교 신자가 마지막 숨을 거둘 때 행하는 성사를 종부성사(병자성사)라고 하는데, 의식이 있을 때 신부를 청해 받습니다. 성유를 바르는 곳은 얼굴과 눈, 코, 입, 손바닥, 발바닥입니다. 또 세례, 견진, 신품 성사 때도 이마나 손에 기름을 바릅니다. 즉, 구교(舊敎)인 천주교에서만 사용하는 의식으로 개신교인 기독교에서는 단 한 번도 기름을 사용한 적이 없었습니다.

그런데 목사가 시대적 배경과 교회사적인 고려 없이 성경 구절을 문자적으로 해석해 기름을 바른다니 매우 이해하기 어렵습니다. 기름을 발라 병을 고치려 한다면 하나님의 능력과 은혜가 아니라 그 기름 자체에 의미를 부여하는 것이 될 수 있기 때문입니다.

이단인 P장로는 생수를 만들어 비싼 값으로 판매했습니다. 신도들은 이 생수를 병을 치유하는 데만 사용한 것이 아니라 죄를 씻는 데도 사용했습니다. 제 친척도 그 단체의 장로였는데 생수에 강한 집착을 보였던 것이 기억납니다. 부정을 탄다고 만지지도 못하게 했지요.

그런 생수(성수)나 성유를 사용하면 물이나 기름을 만든 사람에게 어떤 비상한 능력과 권능이 있는 것으로 착각할 수 있습니다. 하나님보다는 사람이 그 영광을 가로채는 못된 행위가 될 수 있다는 것이지요. 교주가 될 가능성이 커집니다. 천주교에서도 신부가 사용하는 성수에 무슨 신비스러운 힘이 있다고 믿는 신자들이 많습니다. 영성체라고 부르는 일종의 빵이나 과자도 마찬가지입니다. 그것이 예수님의 살로 변한다고 하니까요(화체설). 개신교는 영적 임재설을 믿으며 화체설을 거부합니다.

신학자 장 칼뱅은 야고보서 5장 14절에 대해 이렇게 경고합니다.

> 그리스도의 제자들은 기름을 약으로 취급하지는 않았다. 이 상징의 진정한 효력은 그 시대를 지나서 더 이상 계속되지 않았던 점

을 생각할 때 이 상징은 일시적이었다고 말할 수 있다.

흥미로운 점은 칼뱅이 이러한 신유의 은사로 모두 치유된 것이 아니라 주님께서 필요하다고 여기시는 때에 한해 이 은혜를 허락하셨다고 말했다는 것입니다.

그 목사님은 뭔가 착각을 했거나 우월의식에 빠진 것 같습니다. 더 나아가 그 목사님처럼 성경을 문자적으로 해석하면 장로 혼자 기름을 바르고 기도하는 것이 아니라 장로들(두 명 이상)이 해야 합니다. 혼자 하면 안 됩니다. 또한 여기서 기도는 기름을 뿌리면서 손으로 안수하는 게 아니라는 것입니다. 즉, "위에서 기도하라"입니다. 구약의 선지자들은 병자의 몸 위에서 엎드려 기도했습니다(열왕기상 17:21 / 열왕기하 4:34). 결국 목사님은 병자인 기독교인을 뉘어놓고 그 위에 자신의 몸을 대고 엎드리는 이상한 행위를 해야 합니다. 이 경우 풍기문란죄가 되어 당장 법적인 조치를 당할 것입니다.

생수(生水), 성수(聖水), 성유(聖油) 같은 것은 없습니다. 속지 마시길 바랍니다.

07

야곱은 치사하고 야비한데 어떻게 복을 받았나요?

Q 야곱은 형 에서의 장자권을 대신 받고 아버지를 속여서 하나님의 축복을 가로챘습니다. 외삼촌의 딸 레아, 라헬과 결혼하고 여종과 잠자리를 해서 자식을 낳았고요. 이런 배경들이 상식적으로 너무 이해가 안 갑니다. 왜 이런 사람에게 하나님이 복을 주셨나요? 외삼촌의 딸들과는 4촌지간인데 어떻게 결혼을 할 수 있나요?

A 예, 그렇습니다. 아무리 좋게 보려 해도 야곱은 치사하고 야비하고 사기꾼 기질이 다분한 사람임에 틀림없는 것 같습니다. 그런데 왜 하나님은 에서를 버리고 야곱을 택해 복을 주셨을까요?

첫째, 아무도 제대로 대답할 수 없을 것입니다. 하나님 마음대로 야곱을 선택하셨다는 것이지요(로마서 9:13). 하나님의 주권과 신비입니다.

둘째, 아마도 하나님은 장자보다는 차자를 더 사랑하신 게 아닐까요? 차자가 장자보다 대접받지 못하던 시대였으니까요. 하나님의 긍휼과 인자하심이 아닐는지요? 이런 것을 '차자신학'이라고 합니다. 하나님은 장자인 가인보다는 차자인 아벨을, 에서보다는 야곱을, 르우벤보다는 유다를, 므낫세보다는 에브라임을, 아론보다는 모세를, 엘리압보다는 다윗을 선택하셨던 것입니다.

야곱은 가만있어도 장자의 복을 받을 수 있었지만 믿지 않고 인간적으로 야비한 짓을 했습니다. 사서 고생을 한 것이지요. 그래서 20년 동안 생고생을 했습니다. 집 안에서 여자들이 서로 성관계를 하자고 졸라대고 지지고 볶고 싸우는 삶이 지긋지긋하지 않았을까요? 저 같아도 싫었을 것입니다.

야곱은 장인이자 외삼촌인 라반에게 사기도 당하고 고생도 많이 했습니다. 게다가 사랑하는 아내 라헬은 일찍 죽고, 장남 르우벤과 자신의 첩이 성관계를 가졌으며, 딸 디나는 겁탈을 당해 심각한 문제를 일으켰습니다. 또 사랑하는 11번째 아들 요셉은 죽은 줄로만 알았습니다. 야곱은 형 에서와 아버지 이삭을 속인 죄를 자식들에게 그대로 당합니다.

먼 훗날 야곱은 애굽 바로왕에게 실토합니다. 험난한 인생을 살았다고요. 그렇다면 과연 야곱은 행복한 삶을 살았다고 볼 수 있을까요? 축복이라고 볼 수 있느냐는 것이지요.

현재로 보면 불합리한 사회적 현상이지만, 성경은 그 당시로 먼저 해석을 해야 한다는 원칙을 잊지 말아야 합니다. 그 시대에는 가까운 친척과 결혼할 수 있었습니다. 좋은 혈통을 이어가기 위한 수단이자 가장 믿을 수 있는 사람이었으니까요. 그 당시는 율법이 주어지기 이전 시대입니다. 즉, 십계명과 결혼법이 주어지지 않았던 시대여서 일부다처제도 가능했습니다. 물론 그 당시에도 하나님은 일부일처제를 인간들에게 요구하셨습니다. 이는 분명한 사실입니다(창세기 2:24).

야곱이 네 명의 아내를 거느린 것은 당시의 사회 정서상 아무 문제가 되지 않습니다. 도리어 멋있고 능력 있는 남자상이었을 것입니다. 한국에서도 불과 130년 전 기독교가 들어올 때 서양 선교사들은 한국 양반들이 대부분 첩을 두고 있다는 것을 알았습니다. 첩이 없는 양반은 거의 없었다고 증언합니다. 그래서 일부일처제를 주장하면서 이를 수용하지 않으면 세례를 주지 않았습니다. 첩을 둔 사람은 기독교인이 될 수 없었습니다.

현재 우리의 눈으로 보면 모순덩어리지만, 하나님이 아브라함과 약속한 언약은 많은 여인과의 결혼으로 인해 실현됩니다. 하늘의 별, 땅의 모래 같은 민족이 되리라는 하나님의 약속이 야곱을 통해 이루어지는 과정입니다.

08
천국과 지옥이 있다는 걸 증명할 수 있나요?

Q 예수님을 믿으면 천국에 간다고 합니다. 성경은 가급적 제외하고 천국과 지옥이 있다는 것을 증명할 수 있는지 알고 싶습니다. 증명할 수 있다면 기독교를 믿으려고 합니다.

A 아주 좋은 질문입니다. 결론부터 먼저 말씀드리자면, 천국이나 지옥이 있다는 것을 증명할 수는 없습니다. 임사 체험처럼 사람이 소생한 경우는 많지만 이미 사망했던 사람이 다시 돌아온 경우는 단 한 건도 없기 때문입니다. 한 번 죽으면 다시 돌아올 수 없다는 것이지요. 천국이나 지옥에 있다가 다시 지구상으로 돌아온 사람도 없습니다.

한편, 과학적으로도 증명할 수 있는 길이 전혀 없습니다. 가설을 세우고 실험을 하고 결과를 도출해도 재현할 수 없으니 승명이 불가능하다는 것이지요. 천국이나 지옥은 우리 눈에는 보이지 않는 세계입니다. 따라서 "천국이든 지옥이든 그런 삶이 있다는 것이 증명되느냐?"는 질문에는 아무도 정확한 답을 할 수 없을 것입니다.

천국과 지옥이 있다는 것을 과학적으로 증명하기를 바라는 것 같은데, 이미 불가능하다는 이야기는 했습니다. 다만 천국과 지옥이 있다는 것을 알려주거나 짐작하게 하는 증거나 자료는 있습니다. 다음과 같이 크게 네 가지입니다.

첫째, 성경입니다.

성경에는 지옥이라는 단어가 50번 이상 나오고, 형벌의 장소를 의미하는 구절은 100개가 됩니다. 사랑의 대명사인 예수님이 천국과 지옥에 대한 말씀을 많이 했습니다. 천국보다는 지옥에 대한 말씀을 더 많이 했지요. 그만큼 예수님은 사람들에게 지옥의 무서움과 두려움을 경각시키려고 했던 것입니다. 또한 천국을 나타내는 구절도 200개가 넘습니다.

둘째, 수많은 증인입니다.

성경에 등장하는 많은 사람이 하나님을 믿고 예수님을 믿는다는 이유로 고난을 당하고 순교를 당했습니다. 또 역사적으로 보면 몇 백만의 이름 없는 사람들이 예수님을 믿는다고 박해와 고난을 당하거나 죽음을 선택했습니다. 그들은 모두 천국에서 영원한 삶을 살 수 있다고 믿고 순교한 것이지요. 천국과 지옥이 없다면 그들이 그렇게 소중한 생명을 초개처럼 버릴 수는 없었을 것입니다.

셋째, 기독교를 제외한 종교입니다.

세계 종교의 70%를 점유하고 있는 기독교, 불교, 이슬람교에서는 모두 천국과 지옥을 언급하고 있습니다.

불교에는 육도윤회사상이 있어서 죄를 아주 많이 지으면 지옥에 간다고 합니다. 불교의 지옥에는 여러 가지 종류가 있는데, 팔열팔한지옥(八熱八寒地獄)을 소개해보겠습니다. 팔열지옥에서는 주로 열과 관계되는 뜨거운 불이나 쇳물, 구리물, 뜨거운 철판이나 철봉으로 형벌을 받는다고 합니다. 또 팔한지옥의 형벌은 너무 추워서 사람의 온몸이 푸른색이나 빨간색으로 변한다고 합니다. 그런가 하면 거짓말을 많이 한 사람이 하루 종일 집게로 혀를 빼는 형벌을 받는 지옥도 있다고 합니다.

이슬람교에서도 생전에 알라신을 믿지 않고 나쁜 짓을 한 사람은 지옥에 가고, 그곳에서 차마 말할 수 없는 고통을 당한다고 합니다. 반면 천국은 아름답고 멋진 곳에서 산해진미를 먹으며 아름다운 처녀들의 시중을 받는다고 합니다.

넷째, 임사체험이나 사망 전 체험입니다.

임사체험은 죽은 줄 알았던 사람이 죽지 않고 다시 살아나 자신이 보고 느꼈던 경험을 이야기하는 경우입니다. 임사체험자들이 천국이나 지옥 같은 것을 보았다고 말하는 것이 보통이니까요.

한편, 사람들이 죽기 직전에 남기는 말을 유언이라고 하지요. 그런데 죽기 전에는 모든 사람이 정직해진다고 합니다. 그래서 사람이 죽기 전에 남긴 말은 신뢰할 수 있다고 봅니다. 죽으면서까지 거짓말로 자신을 속일 필요는 없으니까요.

다음에서 죽어가는 사람들이 남긴 말 몇 가지를 살펴보겠습니다.

첫째, 18세기에 『로마제국쇠망사』를 쓴 유명한 작가 에드워드 기번(Edward Gibbon)입니다. 그는 "아! 모든 것이 깜깜하구나!"라는 말을 남기고 죽었습니다. 그는 기독교를 반대한 회의론자였습니다.

둘째, 18세기 계몽주의 철학자 볼테르(Voltaire)입니다. 무신론자였던 그는 죽기 전 "으악! 나는 지옥에 간다. 나는 차라리 태어나지 않았던 것이 좋았다"고 했습니다. 그를 간호했던 간호사는 "나는 유럽의 전 재산을 나에게 준다고 해도 다시는 불신자가 죽는 모습을 보기 싫다"고 말했다고 합니다.

셋째, 심장전문의로 응급소생술의 국제적인 권위자였던 모리스 롤링스(Maurice Rawlings)입니다. 무신론자였던 롤링스는 집배원이 죽어가면서 지옥의 모습을 보고 괴로워하며 외치는 것을 보고 놀랍니다. 그는 기독교인은 아니었지만 그동안 어렴풋이 알고 있던 기독교 복음을 집배원에게 전합니다. 그러고는 자신의 말을 들은 집배원이 기적적으로 소생하는 것을 직접 목격합니다.

롤링스는 임사체험을 한 사람들이 하는 말은 대부분 일관성이 있으며, 죽음 이후 병실에서 있었던 일을 기억하고 있다는 것을 발견했습니다. 더 놀라운 것은 어떤 사람은 맹인인데도 병실의 전체적인 모습과 의사와 간호사들이 하는 일을 모두 정확히 묘사했다는 것입니다.

넷째, 발명가 토머스 에디슨(Thomas Edison)입니다. 그가 죽으면서 남긴 말은 "저쪽은 너무 아름답다"였습니다. 에디슨은 미국에서 가장 머리가 좋은 사람 중 하나였고, 자신이 보고 관찰하고 실험한 결과만을 말하는 과학자였습니다. 그렇다면 에디슨이 말하는 저쪽은 어디일까요? 그 똑똑하던 에디슨이 헛것을 보지는 않았을 것입니다.

이 외에도 임사체험에 관한 자료가 많지만, 더 이상 거론하지 않겠습니다. 딱 한 가지만 더 말씀드립니다. 아마 로또복권을 한 번이라도 구입한 경험이 있을 것입니다. 혹시 1등에 당첨될 확률이 얼마인지 아십니까? 8,145,060분의 1이라고 합니다. 벼락에 맞아 죽을 확률보다 훨씬 더 낮다는 것이지요.

그런데 천국이 있을 확률은 얼마일까요? 50%입니다. 지옥이 있을 확률도 물론 50%입니다. 이렇게 확률이 높은데도 믿지 않겠습니까? 살아서 하나님과 예수님을 믿었는데 만약 죽고 나서 보니 천국과 지옥이 없다고 해서 손해 볼 것은 별로 없습니다.

교회에 냈던 헌금이 아까울까요? 그렇다면 헌금을 하지 않으면 됩니다. 헌금을 강조하지 않는 교회도 많으니까요. 일요일에 교회당에서 보냈던 한두 시간이 아까울까요? 그래도 최소한 마음이 맑

아지고 깨끗해지는 시간이었을 것입니다. 마음의 평화도 느꼈을 것이고요.

잘 생각해보십시오. 50% 확률로 천국과 지옥이 있다는 것을. 지옥은 유황과 불이 꺼지지 않는 어두운 곳에서 영원토록 죽지 않고 형벌을 받는 곳입니다. 사형 방법 중에서 가장 고통이 심한 것이 화형(火刑)이라고 합니다. 화상을 입어본 사람들은 그 고통을 잘 알 것입니다. 지옥은 바로 그런 화상을 영원토록 당하는 곳입니다.

천국이나 지옥이 있는 것을 증명할 수 있냐고요? 반대로 천국이나 지옥이 없다는 것을 증명할 수 있나요? 그때는 온 우주 구석구석을 다 뒤져서라도 없다는 것이 발견되어야 합니다. 게다가 천국과 지옥이 없다는 것을 과학적으로 증명한 사람은 전혀 없습니다. 없다는 것을 증명하지 못하는 한 있다는 것도 부인하지 못하게 되는 것이지요.

하나님은 질투의 신, 사람을 제물로 받나요?

Q 하나님은 질투하는 분이신가요? 아브라함이 외아들 이삭을 제물로 바치는 이야기를 초신자에게 어떻게 설명할 수 있을까요? "하나님이 아브라함의 믿음을 시험하기 위해", "이 사건은 예수님 부활의 표징이다", "하나님께서 미리 제물을 준비하셨다" 같은 대답은 말고요.

A 우선 질투라는 의미를 알아야 합니다. 출애굽기 20장을 보면 "나 네 하나님 여호와는 질투하는 하나님"이라고 명시되어 있습니다. 하나님도 질투하신다는 것인데, 모든 것을 가진 하나님이 무슨 질투를 하신다는 걸까요? 여기서 질투의 의미는 "자신에게 하나밖에 없는 아내가 다른 남자를 사랑할 때 남편이 느끼는 감정"입니다. 이때 남편은 대부분 아내를 죽이고 싶다는 강한 충동을 느낍니다.

그래서 어떤 학자는 단어의 본래 의미를 살려 '열정, 정열'로 번역하기도 합니다. 사랑이 없으면 질투도 생기지 않습니다. 관심도 없습니다. 하나님이 우리를 얼마나 뜨겁게 사랑하시는지 알 수 있습니다. 질투라는 단어는 하나님의 사랑과 나를 향한 열정을 말합니다. 생각해보면 얼마나 가슴 뛰게 하는 단어인지 모릅니다. 하나님이 나를 얼마나 사랑하시는지는 자신의 하나뿐인 아들 예수님을 죽게 허락하셨다는 것으로 알 수 있습니다.

예를 들어 내가 하나님보다 음악을 더 사랑한다면 하나님은 질투하실 수 있습니다. 하지만 하나님은 오랫동안 기다리시는 분이라는 것을 잊지 말아야 합니다. 하나님이 A라는 사람을 사랑하는데 하나님보다 음악을 더 사랑해서 하나님께 돌아오지 않는다면 하나님은 A를 징계할 수 있습니다. 사고나 병으로 치실 수도 있다는 것이지요. 그러나 그런 아픔, 상처, 고난은 결국 복이 되고 유익이 됩니다. 영생을 얻고 하나님의 자녀가 되기 때문입니다.

모든 것을 다 아시는 하나님이 왜 아브라함에게 외아들을 제물로 바치라고 하셨을까요(창세기 22장)? 여기서 주의해야 할 것은 '시험'이라는 단어가 영어로 테스트(test)라는 것입니다. 하나님은 아브라함의 믿음을 테스트하시려고 한 것이지요. 하나님은 아브라함이 의롭다고 이미 공표하셨습니다(창세기 15:6). 그리고 하나님과 언약(일종의 약속)을 체결하셨습니다(창세기 15:16, 17:7~8). 그런데 창세기 22장에서 갑자기 아브라함을 테스트하십니다. 왜 그러셨을까요?

예를 들어 설명해보지요. 제가 대여섯 살 때의 일입니다. 하루는 엄마가 저에게 심부름을 시키면서 시장에서 두부 십 원짜리와 콩나

물 십 원어치를 사오라고 했습니다. 이때 엄마가 저를 혼자 보냈을까요? 아니요. 엄마는 숨어서 제 뒤를 따라오고 있었습니다. 혹시 길을 잃어버리거나 잘못할까 해서 뒤를 밟은 것이지요. 엄마는 제 성장 과정을 알기 위해 테스트를 했던 것입니다.

저는 성공적으로 그 일을 해냈습니다. 그 이후로 엄마는 제가 혼자 조금 멀리 놀러 가는 것도 허락해주었습니다. 왜 엄마가 저를 테스트(시험)했는지 그 이유에 집중해야 하는 것이지요. 마찬가지로 왜 하나님이 아브라함을 테스트했는지 그 이유에 집중하고, 나중에 하나님이 주신 선물, 혜택을 생각하기를 바랍니다.

믿음에는 반드시 행위가 뒤따릅니다. 행위의 중요성을 설명하는데 이 본문이 사용됩니다. 아브라함은 이미 하나님에게 의롭다고 인정받았고 언약도 체결했습니다. 쉽게 말하면 믿음으로 구원을 받은 것입니다. 그런데 하나님은 이삭을 제물로 바치는 행위를 요구하셨습니다. 무슨 말일까요? 올바른 믿음에는 반드시 행위가 필요하다는 것입니다. 믿음에는 말씀에 대한 순종이 필요하다는 것이지요.

사도 야고보도 이삭을 제단에 바칠 때 행함으로 의롭다고 인정을 받았다고 말합니다(야고보서 2:21). 기독교인도 마찬가지입니다. 믿음으로 구원을 얻는 신자는 반드시 행위로 믿음의 결과가 나타나야 합니다. 행위라는 열매, 결과, 종착역이 없는 믿음은 가짜일 가능성이 많습니다.

그런데 아브라함이 이삭을 죽여도 하나님께서 다시 살리실 것을 알고 있었다는 점을 짐작하게 하는 구절이 있습니다. 창세기 22장 6절을 보면 하인들에게 예배 후 다시 돌아온다고 했습니다. 즉, 아브라함은 이삭을 제물로 바쳐서 죽더라도 하나님이 다시 살려주실 것을 믿었던 것입니다. 아니면 어떤 다른 방법으로든 살아서 다시 돌아올 것을 굳게 믿었던 것이지요. 믿음의 정도를 가늠하기는 어렵지만 아브라함이 대단한 믿음의 소유자였던 것은 분명합니다.

이 사건은 설명하기 어려운 내용입니다. 이것은 믿음과 행위의 관계를 나타내는 사건으로 100% 이해하기가 어렵습니다. 특히 초신자에게는 더욱 어려울 것입니다. 이 외에도 성경에는 이해할 수 없는 사건들이 수두룩하게 나옵니다. 믿음으로 이해해야 하는 것들입니다. 우리의 이성과 지성으로 이해할 수 없는 사건과 현상이 성경에 많은 것은 사실입니다. 때로는 시간이 필요하고 경험도 필요합니다. 그래서 믿음은 바라는 것들의 실체며 보지 못하는 것들의 증거입니다(히브리서 11:1).

초신자가 이해하든 이해하지 못하든 매우 중요한 것이 있습니다. 하나님은 모든 생명의 소유주이므로 자신의 뜻대로 생명을 주시거나 가져가실 수도 있습니다. 왜 못 가져갑니까? 하나님은 창조주이고 주권자라는 사실을 기억하십시오. 하나님이 생명을 가져가시지 못한다고 말하는 것은 자신의 외아들인 예수님을 십자가에서 죽게 한 하나님의 사역을 의심하게 만드는 것입니다.

하나님은 자신의 외아들인 예수님도 죽이도록 허락하셨습니다. 이것이 복음입니다. 신앙으로 모든 것을 이해할 수는 없습니다. 저도 이해할 수 없는 것이 있습니다. 저는 지금도 돌아가신 부모님을 100% 이해하지 못합니다. 하물며 저 자신도 100% 이해하지 못할 때가 많습니다.

제대로 올바르게 기독교를 알려면 최소 10년은 걸립니다. 하지만 기독교를 대충 믿으면 평생을 살아도 모릅니다.

10
하나님이 어떻게 후회하실 수 있나요?

Q 사람이야 잘못하고 후회를 할 수도 있고 회개도 할 수 있습니다. 민수기 23장 19절과 로마서 11장 29절을 보면 하나님과 그 부르심에는 후회하심이 없다고 합니다. 그런데 사무엘상 15장 11절에는 하나님이 사울을 왕으로 세우신 것을 후회하셨다고 기록되어 있습니다. 이것을 어떻게 설명하면 좋을까요? 전능하신 하나님이 잘못해서 후회를 한다는 것이 이해되지 않습니다.

A 좋은 질문입니다. 신실하시고 변함없으시다는 것이 하나님의 속성입니다. 그런 하나님이 후회하거나 한탄한다는 것은 모순이라는 것이지요. 이것은 민수기가 시작이 아니라 창세기 6장 6절에 이미 시작됩니다. "땅 위에 사람 지으셨음을 한탄하시어 마음에 근심하시고"라고요.

성경을 보면 하나님의 속성(성격이나 성질)과 관련해 상반되는 구절들이 있습니다. 이때 우리는 다소 당황하게 됩니다. 하지만 반드시 잊지 않아야 할 점은 하나님이 자신을 우리에게 보여주시거나 나타내시지 않으면 우리 인간은 알 수 없다는 것입니다. 하나님이 보여주시지 않으면 인간은 하나님을 알 수도 느낄 수도 없기 때문입니다. 이해를 돕기 위해 적당하지는 않지만 예를 하나 들어보지요. 어른이 유치원 아이와 대화하면서 한자어나 전문용어를 사용하면 아이는 무슨 말을 하는지 모릅니다. 이럴 때는 눈높이를 낮춰서 그 또래의 아이들이 사용하는 말로 해야 합니다.

민수기 23장 19절에는 "하나님은 사람이 아니시니 거짓말을 하지 않으시고 인생이 아니시니 후회가 없으시도다"라고 합니다. 하나님은 거짓말을 하지 않으시고, 사람이 아니기 때문에 후회하거나 마음을 바꾸지 않는다는 것이지요. 그런데 사무엘상 15장 11절을 보면 하나님이 사울을 왕으로 세운 것을 후회하신다고 하므로 서로 모순됩니다. 하나님이 거짓말을 하시거나 후회를 하시는 변덕스러운 하나님이 될 수 있다는 것입니다. 기독교 안티나 불신자들은 이런 것으로 성경에 모순되는 부분이 있다고 비난합니다. 이는 성경을 전체적으로 이해하지 못하거나 모르기 때문입니다. 더 쉽게 말하자면, 하나님이 누구신지 모르기 때문입니다.

실제로 하나님이 한탄하시거나 후회하신다는 것이 아닙니다. 단지 인간이 죄를 지어서 걱정하고 슬퍼하는 모습을 인산이 시낸 삼정으로 표현한 것입니다. 하나님의 심정을 인간의 감정으로 표현한 것이지요. 하나님은 사울이 그렇게 죄를 지을 것을 아셨습니다. "그릴 줄 알았어. 사울이 그렇게 죄를 지을 줄 알았다니까!" 하고 말하고 싶은데, 성경 저자는 하나님이 후회하셨다고 표현한 것입니다. 하나님이 사울을 왕으로 기름 부었지만 나중에 심각한 죄를 짓는 것을 보시고 사람이 지닌 감정으로 표현한 것입니다. 하나님은 거짓이나 변개함이 없으시고, 사람이 아니시므로 결코 변개하지 않으십니다(사무엘상 15:29 / 야고보서 1:16).

좀 더 넓게 들어갑니다. 하나님의 성품과 모양을 나타내는 신학 용어가 있습니다. '신인동형동성론(神人同形同性論, anthropomorphism)'입니다. 신인동형동성론은 하나님이 인간과 동일한 성품과 모양을 가지고 있다는 것입니다. 신인동형동성은 '신인동형'과 '신인동성'으로 나누어지지만, 질문에서는 신인동성(神人同性)을 나타냅니다. 사람이 지닌 성격이나 성질을 나타내고요.

신인동성은 "하나님이 분노하시고"(시편 7:1, 57:7, 85:4 등), "하나님이 자비로우시고 은혜가 많으시고"(시편 51:7, 78:38, 116:5 등) 같은 표현입니다. 신인동형은 "하나님의 팔이 있다"(욥기 40:9 / 시편 98:1 등), "하나님이 보시고 걸으시고", "하나님의 날개" 등을 말합니다. 하나님을 사람의 신체에 비유한 것이지요.

주의할 점은 신인동형입니다. 하나님의 날개라고 해도 하나님이 날개를 달고 있다고 생각지 않아야 합니다. 이것은 하나님이 우리를 따뜻하게 품어주는 어머니의 사랑이나 우리와 함께 비상하는 진

취성을 말하는 것입니다. 하나님의 손(시편 10:12, 19:1, 48:10, 75:8 등)이라고 해서 하나님께 손이 있다고 착각하지 말라는 것입니다. 예수님이 "나는 양의 문이라"(요한복음 10:7)고 했다고 해서 예수님을 진짜 문(門)으로 착각하면 곤란합니다.

좀 더 범위를 넓혀 생각해봅시다. 하나님을 인간으로 비유해 하나님도 인간처럼 남성과 여성이 있다고 하는 이단도 있습니다. 하나님도 성적으로 결합한다고 말하는 단체나 집단도 있습니다. 하나님이 누군가에 의해 만들어진 존재라고 해석하는 사람들도 있습니다. 주로 이단이나 사이비 단체들, 이상한 생각을 하는 비정상적인 교회가 이렇게 문자적으로 해석해서 성경에 무지한 신자들을 유혹합니다.

신인동성의 결정체는 출애굽기 34장 6절입니다.

> 여호와께서 그의 앞으로 지나시며 선포하시되 여호와라 여호와라 자비롭고 은혜롭고 노하기를 더디하고 인자와 진실이 많은 하나님이라

또한 신인동형의 극치는 하늘에서 이 땅으로 내려오신 '성육신(成肉身)'하신 예수님입니다.

11

하나님은 언제 사람을 구원하기로 계획하셨나요?

Q 하나님께서는 정말 아담이 죄를 지어서 예수님이 십자가에 못 박히시는 것까지 미리 알고 계셨을까요? 자유의지를 주셨으면서도 이미 죄를 지을지 알고 계셨다면 그것은 이미 정해진 인생이지 자유의지가 아니잖아요?

A 성부 하나님은 창조 이전에 이미 사람이 죄를 짓고 성자 예수님을 통해 구원을 받고, 성령 하나님을 통해 인간에게 적용하실 것을 계획하셨습니다. 쉽게 정리하면, 온 우주를 만들기 이전에 성부 하나님은 구원의 계획을, 성자 예수님은 십자가 고난의 실행을, 성령 하나님은 인간에게 적용하시기를 작정하셨다는 것이지요. 이런 것을 신학 용어로 '구속언약'이라고 합니다. 우리가 죄를 짓고 구원받을 것을 하나님은 알고 계셨다고 보는 것이지요.

사람의 운명이 미리 결정되었다는 것은 불교나 힌두교 같은 종교에서 바라보는 관점입니다. 인간이 선악과를 먹을 것을 하나님이 아셨다면 자유의지가 아니라고 주장하는 사람들이 있습니다. 그런 주장은 사람의 관점으로 바라본 운명이나 숙명을 말하는 것이지요. 하나님은 사람(아담과 하와)들이 죄지을 것을 알고 계셨지만 두 가지의 자유(의지)를 주셨습니다.

> 첫째, 선악과를 먹지 않고 다른 과일들을 먹고 영원히 살 수 있는 자유
>
> 둘째, 선악과를 먹고 하나님과의 관계가 끊겨서 낙원에서 쫓겨날 자유

어느 쪽을 선택하든 사람의 자유입니다. 하나님은 강요하시지도 않았고 운명이라고 말씀하시지도 않았습니다. 단지 선악과를 먹으면 죽는다고 말씀하셨습니다(창세기 2:17). 그러면서도 사람이 후자를 선택할 것을 아시고 미리 구속언약으로 창조 전에 준비하신 것입니다. 전자의 경우라면 하나님이 준비하실 필요가 없었겠지요. 왜냐하면 영원히 하나님과 관계를 맺으며 살 수 있으니까요.

하나님 편에서 보면 자유를 주신 것입니다. 선악과를 먹든 말든 자유를 주신 것이지 숙명이나 운명은 아닙니다. 만약 운명이라면 다른 열매를 만들 필요 없이 선악과만 만들었으면 되니까요.

사실 하나님의 수권과 인간의 자유의지는 충놀하는 것처럼 보입니다. 우리는 하나님이 이 양자를 어떻게 조합하고 분리하는지 솔직히 잘 모른다고 고백할 수밖에 없습니다. 우리 인간의 3차원적인

머리로는 전부 이해할 수 없다는 것이지요.

  질문하신 분처럼 아무리 고민한다고 해도 명확히 풀리지는 않습니다. 이런 불가사의하고 난제인 경우가 성경에는 많습니다. 모두 다 답을 내리기 어렵습니다. 그것을 누가 다 안다고 말하면 그 순간 그가 하나님의 모든 섭리를 아는, 하나님보다 더 뛰어난 신이 되기 때문이지요. 주로 이단이나 사이비 교주가 이런 짓거리를 합니다.

  태초에 하나님이 천지를 창조하셨다는 창세기 1장 1절을 믿지 못한다면 기독교인이 될 수 없습니다. 하나님이 하신 일은 우리가 눈으로 보고 이해하는 것이 아니라 성령 하나님이 우리가 마음으로 믿게 하시는 것입니다. 하나님의 은혜지요. 아무리 하나님을 믿고 싶어도 믿지 못하는 사람들이 있습니다. 그러니 믿는 우리는 선택된 사람임에 틀림없습니다.

  참고적으로 언약에는 구속언약, 아담 언약(창세기 1:28), 노아 언약(창세기 9:12~13), 아브라함 언약(창세기 12:2~3), 횃불 언약(창세기 15:17), 모세 언약(출애굽기 19:5~6), 다윗 언약(사무엘하 7:13), 예레미야 언약(예레미야 31:31), 새 언약(누가복음 22:20) 등이 있습니다. 성경을 해석하는 큰 방법 중 하나이지요.

Chapter 05

기도 상담

01

기도란 무엇인가요?

> **Q** 기도가 무엇인가요? 하나님께 내 소원을 빌면 되는 건가요? 장로님처럼 기도하자니 딱딱하기도 하고 어렵기도 합니다.

A 기도(祈禱)란 한자어로 '빌 기(祈)'와 '빌 도(禱)'입니다. 빌고 또 비는 것을 말합니다. 마음으로 바라는 것이 이루어지도록 비는 행위가 기도입니다(창세기 20:1 / 출애굽기 8:29 / 시편 63:1 / 누가복음 6:12 / 요한일서 1:3 / 요한계시록 3:20 등). 우리 기독교인은 누구에게 빌고 또 빌까요? 천지를 창조하시고 섭리하시는 하나님 아버지께 기도하는 것입니다(창세기 20:17 / 사사기 13:8 / 에스라 10:1 / 욥기 33:26 / 빌립보서 4:6 / 사도행전 10:2, 16:25 등).

기도는 하나님과의 대화이며 교제입니다. 마치 코로 호흡하듯 기도는 영혼의 호흡입니다. 코로 숨을 쉬지 않으면 살아갈 수 없듯이 기도하지 않으면 우리의 영혼도 살아가기가 매우 어렵습니다. 기도

하지 않는 신자는 하나님과의 교제가 끊겼다고 보아도 됩니다. 하나님과 교제가 없는 신자는 죽은 신자입니다.

하나님은 살아 계신 분으로 우리와 대화하기를 원하십니다. 부모와 자식 간에 대화가 없으면 어떻게 되나요? 나에게 명령만 하고 지시만 하고 내 말에 귀를 기울이지 않는 부모님을 대할 때 어떤 생각이 드나요? 반대로 내가 말을 해도 들은 체도 하지 않거나 투명 인간 취급을 하는 부모님을 보면 마음이 어떤가요? 마음이 매우 불편하고 거북할 것입니다.

억울하거나 곤란한 일, 힘들고 어려운 일을 만날 때 나는 어떻게 하나요? 그저 고민하고 염려만 하면서 머리를 싸매고 궁리합니다. 그러다가 대개는 친구, 부모, 인터넷, 권력자, 상담사, 목회자 등 누군가에게 도움을 청합니다. 어느 정도는 이해하고 공감할 수 있습니다. 하지만 다른 사람과 의논하거나 상담하지도 못하는 나만의 고민, 아픔, 괴로움, 소망, 바람이 있습니다. 다른 사람에게 말할 수 없는 창피하고 부끄러운 것들도 있습니다. 때로는 다른 사람에게 도움을 청했다가 그 부끄럽고 창피한 사실이 세상에 알려지는 바람에 또 다른 고통을 겪기도 합니다.

이럴 때 가장 신뢰할 수 있는 분, 신실하신 분이 누구일까요? 바로 하나님 아버지입니다.

기도는 내 마음을 털어놓고 하나님께 간구하는 행위입니다. 하나님과 친밀한 관계를 맺는 행위입니다(시편 63:1~8, 73:25~26 / 누가복음

6:12 등). 하나님은 나와 대화하고 싶어 하십니다.

저에게는 중학교 2학년 손자가 있습니다. 손자와 만나서 가장 기쁠 때가 언제일까요? 공부를 잘해서 반에서 1등 할 때, 미술대회에서 상장을 받아올 때일까요? 그럴 수도 있지만 실제로는 아닙니다. 저와 대화할 때가 가장 즐겁고 기쁩니다. 제 손을 잡고 조잘대면서 학교에서 있었던 일을 이야기할 때, 친구와 다투거나 화난 일을 이야기할 때 저는 가장 기쁩니다. 하나님도 제가 기도할 때 가장 기뻐하십니다.

기도는 또한 하나님과의 대화입니다. 내가 하고 싶은 말이나 소원을 하나님께 말씀드리는 것입니다. "거룩하신 하나님", "사랑이 많으신 하나님" 등 장로님들이 많이 하는 기도는 공식적인 기도 자리나 예배할 때 하는 것입니다. 내가 기도할 때는 그저 내 앞에 사랑하는 부모님이 계신 것처럼 말하면 됩니다. "하나님, 오늘 시험에서 좋은 성적을 거두지 못했습니다. 마음이 아픕니다", "저 오늘 여자 친구와 헤어졌습니다. 너무 힘듭니다" 하고 말하는 것이 기도입니다.

세상 속에 살면서 저지른 죄나 하나님의 말씀에 불순종한 것을 인정하고 회개하는 것도 기도입니다(시편 51편). 나와 함께 사는 이웃의 행복과 평안을 비는 것도 기도지요(로마서 9:1~2, 10:1 등). 또한 내 마음에 떠오르는 생각, 각오, 결심, 통회, 회개, 간구도 기도입니다. 기도에서 가장 중요한 점은 내 마음을 솔직하고 정직하게 하나님께 털어놓아야 한다는 것입니다.

02
기도는 만사형통하는 열쇠인가요?

> **Q** 하나님이 기도만 열심히 하면 응답하시지 않나요? 주변의 많은 권사님과 집사님들이 우리 집 문제가 풀리지 않는 원인이 기도를 열심히 하지 않아서라고 합니다. 기도는 만사형통하는 열쇠라고 하는데, 믿어도 될까요?

A 모세는 하나님과 대면한 사람입니다. 이스라엘 백성들은 구름이 머무르면 텐트를 치고 머무르고, 구름이 출발하면 함께 걸어가면 됩니다. 그런데 모세가 이상한 행동을 합니다. 자신의 장인 이드로(호밥)에게 함께 머무르며 지도해달라고 합니다. 심지어 이스라엘의 눈이 되어달라고 합니다(민수기 10:29~32). 하나님께 기도만 하면 되지 않을까요? 참으로 모세답지 않은 행동입니다.

하나님은 이스라엘 백성들이 곧장 가나안땅으로 들어가지 못하게 하고 열두 지파에서 지도자를 한 명씩 뽑아 가나안땅을 정탐하게 했습니다(민수기 13~14장). 차라리 정탐을 하지 않고 그대로 가나안땅으로 진군하는 것이 더 좋지 않았을까요? 왜 하나님은 이렇게 명령하셨을까요?

전쟁은 하나님께 달려 있으므로 말과 병거에 의지하지 말고 하나님께 의지하라고 합니다(사무엘상 17:47 / 역대하 20:15 / 시편 20:7, 44:6~7 등). 『신약』만 해도 기도하라는 구절이 29번 넘게 나옵니다(마태복음 5:44, 6:6, 6:9, 24:20, 26:41 등). 『구약』에도 하나님께 의지하라는 구절이 90번 넘게 나옵니다(신명기 10:20, 11:22, 13:4 / 열왕기하 18:5 / 역대하 13:18 / 시편 4:5, 18:18 / 잠언 3:5, 16:20 등). 100% 동감합니다. 기도는 우리의 호흡이요 생명입니다. 기도는 하나님과의 관계요 대화입니다. 설사 기도가 내 뜻대로 이루어지지 않아도 기도는 계속해야 합니다.

인간이 할 노력을 하면서 하나님께 맡기고 기도하는 자세가 성경 전체의 가르침이라고 믿습니다. 인간이 할 일과 하나님이 할 일을 구분할 줄 아는 지혜가 반드시 필요합니다. 간혹 아파도 병원에 가지 않고 기도만 하는 신자들이 있습니다. 암환자가 항암 치료도 거부하고 기도에만 매달립니다. 하나님이 반드시 암 덩어리를 제거해 주시고 완쾌시키시리라는 확고한 믿음을 가진 분들을 종종 봅니다. 그런 신자들은 더 살 수 있는데도 빨리 죽습니다. 하나님이 의사를 통한 일반은혜로도 응답하시는 것을 모르기 때문입니다.

『신약』의 절반을 기록한 최고의 신학자이자 전도자요 믿음의 사람이었던 사도 바울도 의사인 누가와 함께 전도 여행을 했습니다. 믿음이 없고 기도하지 않아서일까요? 이 질문에 대답할 수 있어야 합니다.

교회 봉사에만 매달려 공부도 하지 않으면서 자격시험에도 통과하고 일류 회사에도 합격하기를 바라는 신자들이 적지 않습니다. 새벽부터 밤늦게까지 일도 노력도 하지 않았는데 하나님이 복을 주셔서 떼돈을 벌고 성공했다고 간증하는 신자들도 봅니다. 불교에서도 기도하면 부처님이 만사형통하게 해준다고 합니다. 이것이 올바른 신앙일까요?

신학자 라인홀드 니버(Reinhold Niebuhr)의 유명한 기도문이 있습니다.

> 주님,
> 제가 변화시킬 수 없는 것들은 그대로 받아들일 수 있는 평온(serenity)을,
> 제가 변화시킬 수 있는 것들을 변화시킬 수 있는 용기(courage)를
> 그리고 그 둘을 분별할 수 있는 지혜(wisdom)를 제게 주시옵소서

좋은 기도문이요 성숙한 기도 같지만, 아쉽거나 부족한 부분이 있습니다. 내가 변화시킬 수 없거나 할 수 있는 것은 내가 할 수 있게 해달라는 기도는 괜찮습니다. 하지만 하나님께 맡기고 의지하는 것이 없다는 것이 문제입니다. 그렇습니다. 내가 할 수 있는 것은 내가 하고, 내가 할 수 없는 것은 받아들이고 하나님께 의지하는 것입니다. 하나님께 맡기는 자세가 필요합니다.

전쟁은 말과 병거에 의지하는 것이 아니라 하나님께 달려 있다고 성경은 말합니다(역대하 20:15 / 시편 20:7 / 이사야 31:1 / 호세아 1:7 등). 전쟁의 승패는 하나님께 달려 있다고 믿으며 아예 전쟁 준비도 하지 않는 사람들이 있습니다. 그저 하나님께 매달리고 의지하면 만사가 해결된다고 맹종하는 신자들도 있습니다. 모든 것을 하나님께 맡긴다면서 공부, 노력, 일 등 자기가 할 것을 하지 않는 사람들이지요. 그들은 일주일 내내 교회당에서 기도하고 예배합니다. 오가는 시간이 아까워서 교회당 근처로 이사해서 살거나 방을 얻어 단체로 합숙합니다. 그러면 하나님이 모든 문제를 해결해주신다고 믿으면서요. 그런 교회가 없다고요? 우리 주변을 살펴보면 그런 교회가 적지 않습니다.

학생은 열심히 공부하고, 직업인은 일터에서 열심히 일하고, 전업주부는 가족을 위해 맛있는 식사를 준비하십시오. 기도 생활을 등한시하거나 교회 활동을 하지 말라는 것이 아닙니다. 교회 생활을 하되 모든 것을 다 걸고 하거나 기도만이 능사라고 믿지는 마십시오. 하나님이 내가 하는 기도에 그대로 응답하시지 않는 경우가 종종 있으니까요. 내가 해결할 수 없는 어렵고 힘든 일과 문제를 하나님께 솔직하고 정직하게 기도로 아뢰십시오. 하나님께 지혜와 총명과 슬기를 구하십시오. 그렇게 하나님께 맡기고 기도하며 기다리는 것입니다.

누구나 기도하지 않으면 근심하고 염려합니다. 하지만 기도하는 신자는 염려하지도 걱정하지도 않습니다. 아니, 염려하더라도 그 시간과 빈도가 많이 줄어듭니다. 하지만 그렇다고 해서 기도만 하는 신자는 어리석고 믿음이 약한 신자일 수도 있다는 것을 기억하십시오.

기도도 균형을 잘 유지해야 합니다. 학업이든 직장일이든 운동이든 내가 할 수 있는 것은 열심히 하면서 하나님께 맡기고 의지하며 기도하는 신자가 되어야 합니다.

03

기도하기 어려운데 왜 기도해야 하나요?

> **Q** 기도하는 것이 매우 어렵습니다. 기도해도 마치 벽을 보고 말하는 것 같아 답답합니다. 기도하지 않아도 하나님이 알아서 다 해주시는데 왜 기도를 해야 하나요?

A 기도는 하나님과의 대화요 호흡이라고 합니다. 기도하는 사람은 기도를 멈추지 않습니다. 금식을 하기도 하고 심지어는 잠자는 시간을 줄여가면서까지 하나님께 기도합니다. 그런데 많은 신자가 기도 생활을 게을리하고 있습니다. 기도한다고 하는데 짧게는 2~3분, 보통 10분 정도면 끝납니다.

우리 모두 할 일이 많아 분주하고 바쁘다는 것은 잘 압니다. 열심히 일하지 않으면 먹고살기 힘든 세상이니까요. 그렇다고 해서 이렇게 기도를 하지 않는다면 문제입니다. 어떤 이는 하나님이 우리가 구하기 전에 이미 무엇을 원하는지 알고 계시기 때문에 기도하지 않는다고 합니다. 그렇습니다. 하나님은 우리가 기도하기 전에 무엇이 필요한지 아십니다. 그럼에도 하나님은 우리와 대화하고 싶어 하십니다. 우리의 기도를 듣고 싶어 하십니다. 우리를 사랑하시기 때문에 기도를 기다리십니다. 사랑하는 연인들이 끊임없이 대화를 하고 싶어 하듯 하나님과 정말 친밀한 관계에 있는 사람은 기도를 자주 하고 많이 합니다.

그런데 사람들은 왜 기도하지 않을까요?

첫째, 소원하는 대로 응답을 받지 못한다.

떡을 달라고 하는데 돌을 주며, 생선을 달라고 하는데 뱀을 주는 부모는 없습니다(마태복음 7:9~10). 그런데 어떤 부모는 떡을 달라고 하는데 돌을 주기도 합니다. 그 돌이 떡보다 더 유익하기 때문입니다. 지금 당장은 떡이 좋지만 내 미래와 앞날을 위해서 돌을 줄 수도 있다는 것입니다. 혹시 그 돌이 값비싼 운석일 수도 있으니까요. 하나님도 마찬가지입니다. 하나님도 우리가 떡을 달라고 하는데 돌을 주실 수도 있고, 심지어 돌도 주시지 않는 경우가 있습니다.

성경에도 구하는 대로 응답을 받지 못한 사례가 나옵니다. 모세는 가나안에 들어가고 싶어 했지만 들어가지 못한 채 그저 가나안 땅을 바라만 보았습니다. 바울도 지병이 회복되기를 기도했지만 하나님은 이를 거절하셨습니다. 바울이 교만해질까 하여 병을 고쳐주지 않으셨지요.

내가 기도하는 방향으로 응답되지 않을 때가 많습니다. 하지만 하나님의 주권과 방법대로 응답하신다는 것을 오랜 세월이 흐른 뒤 알게 될 것입니다. 또한 모든 것(선하거나 악하거나 어떤 것이라도)이 합력하여 선을 이룬다는 것을 나중에 알게 됩니다(로마서 8:28).

둘째, 기도 응답 시간이 너무 길다.
　답답합니다. 지루합니다. 정말 하나님이 존재하시는지 알기 어렵습니다. 지금도 내 삶에 하나님이 관여하시는지 의문입니다. 박 권사님의 기도는 척척 잘 들어주셔서 로또 아파트에 당첨되었다고 자랑합니다. 김 장로님 아들은 평소 모의고사 성적은 별로 좋지 않았는데 수능시험 결과가 좋아서 일류 대학에 입학했다고 합니다. 그런데 왜 내 아들은 그렇게 시험을 망쳐서 3류 대학에 갔는지 한탄스럽습니다.
　왜 내가 하는 기도는 이루어지지 않나요? 불신자 남편과 가족이 예수님을 믿게 해달라는 기도, 아들이 정신 차리고 가정과 일터에서 평범하게 살기를 바라는 기도는 이루어지지 않습니다. 더 나아가 가난하고 불우한 이웃을 위한 기도, 아프리카와 제3세계를 위한 기도, 북한 공산주의 체제가 무너지기를 바라는 기도에는 왜 하나님이 그렇게 응답하시지 않는 걸까요?
　저도 모릅니다. 다만 기도를 하면 할수록 기도에 응답하시는 시간이 길어지는 기도 제목이 있다는 것을 경험합니다. 어떤 기도는 10년, 아니 30년이 지나도 이루어지지 않습니다. 아마 제가 죽고 나서 이루어질 기도도 있을 겁니다. 성경을 봅니다. 이스라엘의 바벨론 포로 기간은 70년이었고, 예수님의 초림은 『구약』 말라기 이후 400년이 지나서야 이루어졌습니다. 예수님의 재림도 곧 있을 것이라고 했지만 2천 년이 지난 지금도 이루어지지 않고 있습니다.

우리가 하는 기도 가운데 어떤 것은 평생 이루어지지 않을 수도 있습니다. 내 자식, 아니 손자 때 이루어지는 기도도 있으리라는 것을 알고 꾸준히 구하고 찾고 두드려야 합니다. 기도 응답은 하나님의 때와 시간에 맞춰 이루어집니다. 내가 원한다고 이루어지는 것은 아니지만 그럼에도 우리는 기도하고 간절히 구해야 합니다. 때때로 하나님이 갑자기 마음을 바꾸시기도 하니까요. 예를 들어 히스기야 왕은 죽을병이 걸렸지만 기도를 통해 15년을 더 살게 됩니다(이사야 38:1~5). 그래서 기도를 멈출 수 없는 것입니다.

셋째, 기도는 힘이 든다.

기도한다는 것은 힘이 드는 일입니다. 시간이 많이 걸리는 작업입니다. 기도는 옆에서 누가 대신 해주지도 않습니다. 오직 나 혼자 해야 하는 고독한 작업입니다. 때로는 지루하기도 합니다. 당장 하나님이 "김활 목사야, 이렇게 해라" 하고 말씀하시지 않습니다. 속시원히 이렇게 해라, 저렇게 해라 지시하지도 않습니다. 그래서 어떨 때는 벽을 보고 말하는 것 같습니다.

하지만 어떨 때는 하나님이 내 앞에 서 계신 것처럼 느껴지기도 합니다. 나와 함께하신다고 믿어지기도 합니다. 마음에 기쁨이 오고 평안이 깃들기도 합니다. 기도는 힘이 듭니다. 누가 기도가 쉽다고 했나요?

넷째, 기도해도 변하지 않는다.

아무리 기도해도 내가 원하는 대로 세상이 변하지 않는다고 느낍니다. 얼마 전에 북한 김정은이 사망하기를 바라고 기도했습니다. 그런데 김정은이 버젓이 살아 있다고 하니 기도할 맛이 나지 않았습니다. 이 세상에서 사라지기를 바라는 사람들이 떵떵거리며 잘도 삽니다. 그들의 자식도 잘되어 일류 대학도 가고 유학도 갔다 오고 돈도 명예도 권력도 얻습니다.

그런데 문득 느끼는 것이 있습니다. 기도를 하다 보면 내 생각과 뜻이 바뀐다는 것입니다. 세상은 그대로인데 나 자신이 변화되어 세상의 이치와 방향을 이해하게 된다는 것입니다. 하나님이 바로 나 자신이 먼저 변화되기를 원하신다는 것을 기도하면서 알게 됩니다.

다섯째, 기도할 시간이 부족하다.

하루 종일 아이들을 돌보느라 정신이 없습니다. 특히 요즘은 코로나19로 아이들이 집에 있는 시간이 많아 혼자만의 시간이 전혀 없습니다. 낮잠 한번 자기도 힘들고 커피 한잔 여유 있게 마실 수도 없다는 것이지요. 회사에서도 상관의 눈치를 보며 생활하느라 기도할 시간을 내기는커녕 휴식 시간에도 일해야 합니다.

교회는 교회당에서만 기도하고 예배하라고 합니다. 월요일은 목사가 쉬니 하루 쉬고, 화요일은 구역회(속회), 수요일은 수요기도회, 목요일은 성경공부와 기도회, 금요일은 철야기도회, 토요일은 주일 준비와 기도회입니다. 한국에는 이렇게 교회 생활을 강조하는 교회가 많습니다.

일상생활에서 기도 시간을 늘려야 합니다. 집에서 가사를 하며 기도하십시오. 회사 출퇴근 시 걸어가면서 아니면 대중교통을 이용하면서 기도하십시오. 이어폰을 집어넣으십시오. 일터에서 일하기 전에, 일하면서 잠깐 기도하고 점심때 기도해야 합니다. 기도는 예배당 안에서 해야 기도발이 있다는 생각도 버려야 합니다.

여섯째, 하나님의 뜻에 맞는 기도인지 모르겠다.

기도하면서 이 기도가 하나님의 뜻에 합당한 것인지 아닌지 구분하기 어렵습니다. 너희는 먼저 그의 나라와 뜻을 구하라고 했는데 내가 하는 기도는 고작 돈, 취업, 건강, 명예와 권력에 치중한 것이 아니냐는 것이지요. 내 기도가 하나님의 사랑과 이웃 사랑을 위한 기도인지 구분하기 어렵습니다. 그러다 보니 기도를 하는 것이 어렵고 기도를 등한시하게 됩니다. 괜찮습니다. 우리가 어떻게 하나님의 뜻을 정확히 알겠습니까? 하나님의 뜻을 정확히 안다는 사람은 이단이거나 교주 수준의 목사입니다.

그냥 마음대로 기도하기를 바랍니다. 아이들이 엄마 아빠에게 조잘거리거나 놀면서 혼잣말을 하듯 그렇게 마음대로 기도하십시오. 하나님은 그런 말이라도 다 들으십니다. 그리고 하나님의 뜻에 맞는다고 판단되면 하나님의 방법대로 이루어주십니다.

일곱째, 말씀대로 순종하는 삶을 살지 못한다.

하나님의 말씀대로 순종하며 살지 못하는데 어떻게 기도할 수 있을까 하고 생각합니다. 기도하기가 부끄럽고 죄송합니다. 어느 정도 일리는 있지만, 하나님을 몰라서 그러는 것입니다. 하나님은 우리의 아버지십니다. 하나님은 구원을 베푸실 전능자십니다. 하나님은 나로 인해 기쁨을 이기지 못하며 나를 잠잠하게 사랑하시는 분입니다(스바냐 3:17). 우리는 죽었다 깨어도 하나님의 말씀대로 순종하는 삶을 살지 못합니다. 말씀대로 산다는 사람이 있으면 한 번만이라도 보고 죽었으면 좋겠습니다.

우리는 모두 죄인입니다. 예수님의 십자가 은혜로 살아가는 죄인입니다. 단지 그리스도의 십자가 공로로 매일매일 용서받으며 살아갑니다. 지금까지 목숨이 붙어 있다는 것만으로도 감사한 노릇입니다. 제 속을 들여다보면 너무 더럽고 끔찍해서 다시 닫아버릴 것입니다.

여덟째, 복을 원하는 기도가 대부분이다.

우리가 하는 기도의 대부분이 물질, 건강, 명예, 권력 등 복을 구하는 기도입니다. 아닌가요? 제가 삶이 어려운 분들을 위해 기도를 할 때 뭐라고 기도할까요? 100% 기복 기도입니다. 이것이 현실입니다. 괜찮습니다. 신앙이 어릴 때는 그런 기도를 합니다. 하지만 성숙해갈수록 내 가족에서 벗어나 다른 사람과 국가와 민족을 위해 기도하게 됩니다. 하나님의 나라와 의를 위해 기도하게 됩니다.

걱정하지 말고 기복 기도라도 하기를 바랍니다. 언젠가 신앙이 자라면 성숙한 기도를 하게 될 테니까요. 힘을 내서 나만의 골방에서 기도하기를 힘쓰십시오. 혹시 방언 기도를 하는 분은 자랑하려고 교회당에서 하지 말고 골방에서 하기를 바랍니다.

기도하는 자세를 알고 싶어요

Q 기도드리는 자세에 대해 질문하고 싶습니다. 저는 방에서 조용히 무릎 꿇고 작은 목소리로 기도를 드리는데, 입술로 시인하라는 성경 구절을 언뜻 봤던 것 같아요. 마음속으로 기도를 드려도 상관없나요? 속 시원한 답변을 부탁드립니다.

 말씀하신 구절이 시편에 나오지만 진실하게 기도하라는 내용이 중심을 이룹니다.

> 여호와여 의의 호소를 들으소서 나의 울부짖음에 주의하소서 거짓되지 아니한 입술에서 나오는 나의 기도에 귀를 기울이소서
> _ 시편 17:1

기도는 소리나 눈을 감는 것 같은 자세가 중요한 것이 아니라 마음가짐이 중요합니다. 하나님은 거짓 없고 가식 없는 기도를 바라

고 계십니다. 솔직하고 정직한 기도가 중요합니다. 말로 하느냐 마음으로 하느냐는 중요하지 않지만, 말로 하지 않고 마음으로만 기도하면 잡념이 생기고 분심이 생기기 쉽습니다.

말로 하지 않고 마음으로 기도하다가 잡념이 생기면 자신만 알아들을 수 있는 작은 목소리로 기도해도 됩니다. 소리가 작다고 듣지 못하실 하나님이 아니니까요. 새벽기도회에 참석해 기도할 때 주의할 점은 옆 사람이 들을 정도로 소리를 내면 좋지 않다는 것입니다. 바리새인적인 기도가 되거나 타인의 기도를 방해할 수 있기 때문입니다.

다른 사람들의 기도 소리가 들려 기도에 집중할 수 없으면 귀마개나 이어폰을 사용하십시오. 한결 기도하기가 편할 것입니다. 물론 주위에 아무도 없을 때는 큰 소리로 부르짖는 기도를 하거나 방언 기도를 해도 무방합니다. 운전 중에는 앞을 주시하면서 기도합니다. 버스나 전철에서도 기도합니다. 회사에서 업무를 시작하기 전 또는 업무 중에도 기도합니다.

이때 기도의 자세는 무릎을 꿇을 필요가 없습니다. 물론 자신이 죄인이거나 잘못을 뉘우칠 때는 무릎 기도도 좋습니다. 하지만 이 자세로는 기도를 오래하기가 힘듭니다. 기도를 오래하는 분들은 대개 양반다리를 하고 기도합니다.

반드시 두 손을 모으고 기도할 필요도 없습니다. 눈을 꼭 감고 기도할 필요도 없습니다. 성경에는 눈을 뜨고 하늘을 바라보며 기도

하는 장면이 많이 나옵니다. 눈을 뜨거나 감는 것이 기도의 기준이 아니라는 것입니다.

걸어가면서, 밥을 먹으며, 공부하면서, 심지어는 잠자리에 누워서도 기도하는 것입니다. 저는 자주 누워서 기도합니다. 그러다가 하나님이 주시는 안식으로 들어갑니다. 마치 어렸을 때 엄마가 내준 무릎에 머리를 맡기고 이야기하다가 스르르 단잠에 빠지듯 말이지요.

때로는 말이 나오지 않을 때도 있습니다. 너무 피곤하거나 괴로울 때는 하나님, 아버지, 주님만 외쳐도 됩니다. 슬플 때는 그냥 우십시오. 사랑하는 아버지 앞에서 그냥 우는 것, 그것도 기도입니다. 그래서 기도를 대화라 하고 호흡이라고 말하는 것입니다. 대화할 때 소리를 크게 할 때도 작게 할 때도 있듯 기도도 마찬가지입니다. 하나님은 무소부재하시므로 어디서 어떻게 기도해도 다 듣고 계시니까요. 기도하는 자세가 중요한 것이 아니라 어디서든 기도하는 마음 자세가 더 중요합니다.

05

기도하면 염려가 사라지나요?

> **Q** 저는 어렸을 때 불우한 환경에서 성장한 까닭에 염려와 걱정이 매우 많은 편입니다. 미래를 생각하면 걱정이 되어 잠이 오지 않습니다. 기도하면 염려가 사라진다고 권면해주시는 집사님이 있는데, 어떻게 하면 미래에 대한 불안과 염려에서 벗어날 수 있을까요?

A 험하고 고단한 세상에서는 염려하고 걱정할 일이 많습니다. 오죽하면 불교에서도 이 세상을 '고해의 바다'라고 했겠습니까? 이 세상에서 호사스러운 삶을 살면서 온갖 즐거움을 다 누렸던 솔로몬왕도 근심에 대한 조언을 잠언과 전도서에서 16번이나 반복합니다.

『신약』에는 염려와 관련되는 단어가 34번 나옵니다. 마태복음 6장 31절에 "그러므로 염려하여 이르기를 무엇을 먹을까 무엇을 마실까 무엇을 입을까 하지 말라"고 하시면서 그런 것들은 예수를 믿지 않는 이방인들이 구하는 것으로 먼저 하나님의 나라와 그의 의를 구하라고 하십니다(6:33~33). 또 오늘 염려할 것은 오늘 염려하고 내일 일은 염려하지 말라는 말씀도 봅니다(6:34).

그렇습니다. 오늘만 염려해야 합니다. 내일은 내가 우려하던 일이 생길 수도 생기지 않을 수도 있으니까요. 그런데도 우리는 내일, 아니 한 달 뒤에 벌어지지 않을 일까지도 염려하고 걱정하는 경우가 대부분입니다. 물론 오늘 일이 내일까지 계속되는 경우도 있다는 것을 모르지 않습니다. 그런데도 성경은 염려하지 말라고 합니다. 염려와 걱정이 인류 문명을 발전시켰다는 긍정적인 측면도 있지만, 여기서는 그 점은 고려하지 않습니다.

그런데 생각해야 할 일이 있습니다. 우리가 필요한 것을 다 아시는 하나님이(마태복음 6:32) 왜 마태복음 7장 9절에서는 '구하라', '찾으라', '문을 두드리라'면서 기도를 강조하실까요? 우리가 필요한 것을 그냥 주시면 되는데 말입니다. 하나님이 일구이언(一口二言)하시는 것 아닌가요? 무정한 하나님! 그냥 알아서 주시면 얼마나 좋습니까!

그런데 우리가 모르는 부분이 있습니다. 하나님이 우리가 구하지 않아도 주시는 것이 얼마나 많은지 우리가 인식하지 못한다는 것입니다. 보고, 듣고, 만지고, 걷고, 호흡하고, 먹고, 싸는 것이 저절로 된다고 주장하는 사람이 있다면 어쩔 수 없겠지요. 하지만 그런 사람도 병원에서 며칠만 물과 음식물을 아무것도 먹지 않고 배설물을 내보내지 못하면 깨달을 것입니다. 눕고, 앉고, 먹고, 싸고, 걷는 것이 얼마나 대단한 일인가를.

하나님은 우리에게 알아서 많은 것을 주시지만 한편으로 우리의 기도를 듣고 싶어 하십니다. 대화하고 싶어 하십니다. 아이가 혼자 놀면서 조잘대는 것을 기쁘게 바라보는 엄마처럼 말이지요. 우리는 죄성을 가지고 있어서 게으르고 교만합니다. 그래서 하나님 아버지께 구하고 찾고 두드리는 것도 싫어합니다. 그렇습니다. 우리는 대부분 남에게 도와달라는 말도 하기 싫어합니다. 자존심이 상해서 말을 잘 꺼내지 못합니다. 그러다가 막상 도와주면 적다고 투정하고, 많이 주면 자존심 상한다고 투덜댑니다. 심지어 도와주고 욕을 먹는 경우도 있지요.

하나님은 기도하라고 말씀하십니다. 끈기를 가지고 아버지인 하나님을 믿고 기도하라고 하십니다. 그러면 염려하지 않는다고요. 기도를 하지 않는 분은 너무 자책하지 마십시오. 이 세상에 염려하지 않는 사람은 하나도 없으니까요. 예를 들어 성경 속의 위대한 인물들도 염려하고 근심했습니다. 예수님을 3년간 따라다녔던 열두 제자들도 예수님이 죽는다고 하시니 근심했습니다(마태복음 17:23 / 요한복음 14:1, 16:6, 16:22). 스승인 예수님을 자신들이 팔아먹지 않을까 근심했습니다(마태복음 26:22 / 마가복음 14:19).

항상 기도하라고, 염려하지 말라고 했던 사도 바울도 염려했습니다. 바울은 고린도 교회를 염려하고(고린도후서 12장), 갈라디아 교회를 염려하고 걱정했습니다(갈라디아서 4장). 바울은 동역자인 에바브로디도가 병든 것을 무척 염려했습니다(빌립보서 2:25~29).

이렇게 염려, 걱정, 근심은 우리를 떠날 수 없습니다. 아니, 떠나지 않습니다. 이 세상에 염려하지 않는 사람은 단 한 사람도 없습니다. 대통령, 재벌, 장군, 국회의원, 교수, 심지어 목사도 염려하고 걱정합니다. 그럼에도 성경은 고난 중에 있는 빌립보 교인들에게 아무것도 염려하지 말라고 합니다(빌립보서 4:6). 어떤 경우에도 감사하는 마음으로 하나님께 우리의 소원을 기도하고 간구하라는 것입니다. 기도하면 우리에게 마음의 평화가 임할 것이라고 말이지요.

그렇습니다. 기도하면 염려가 물러갑니다. 평화가 마음속에 자리 잡습니다. 하지만 기도하지 않으면 염려가 다가오고 우리를 공격합니다. 염려하는 신자는 기도하지 않는 신자입니다. 아니라고요? 기도해도 해결되지 않는다고요? 그래서 성경은 우리에게 말씀합니다.

쉬지 말고 기도하라

_ 데살로니가전서 5:17

예수님은 기도할 때 '구하라', '찾으라', '두드리라'고 하십니다. 점점 더 기도의 수위와 강도를 올리는 것입니다. 구하고, 찾고, 두드리지 않고 어떻게 기도의 응답을 바랄까요? 의심하지 말고 기도하십시오. 믿음으로 구하고 조금도 의심하지 마십시오(야고보서 1:6).

우리는 의심하는 사람을 많이 봅니다. '정말 기도하면 이루어질

까' 의심하는 분들이 많습니다. 그런 마음을 가진 신자들은 주님에게 무엇이든 받을 생각을 하지 않아야 한다고 성경은 경고합니다(야고보서 1:7~8). 기도하면서 의심을 품는 두 마음을 가진 사람(double minded man)은 기도해도 효과가 없습니다(야고보서 1:6). 오죽하면 베드로 사도가 이렇게 말을 했을까요?

> 너희 염려를 다 주께 맡기라 이는 그가 너희를 돌보심이라
> _ 베드로전서 5:7

우리가 가진 모든 걱정과 염려를 주님께 맡기면 해결해주신다고 하십니다. 주님이 돌보아주십니다. 영어로는 케어(care)해주십니다.

기도하십시오. 분명히 염려와 걱정이 사라질 것입니다. 기도하지 않으면 염려와 걱정이 마음속에 꽉 자리를 잡을 것입니다. 기도하면서 믿고, 기다리면서 노력하십시오. 학생은 공부하고, 직장인은 열심히 일하고, 장사하는 사람은 친절하게 부지런히 장사하십시오. 동시에 사람에게 하듯 하지 말고 주께 하듯 진심으로 하십시오(골로새서 3:23). 그리고 기도하십시오. 기도하는 시간이 부족한 분은 화살기도를 하십시오. "주여 나를 구원하소서"(마태복음 14:30)라고 짧게 하는 것입니다.

기도는 반드시 해야 합니다. 기도하지 않으면 염려가 공격합니다. 기도하지 않는 신자는 염려합니다. 여기에 우리가 지나치지 못

하는 흥미로운 성경 구절이 있습니다. 하나님은 떡을 달라고 하는 사람에게 돌을 주시지 않습니다(마태복음 7:9). 사랑하는 아들딸이 생선을 달라는데 뱀을 주는 아버지가 있을까요? 그런데 하나님은 때로 떡 대신 돌을 주시는 경우가 있습니다. 적지 않는 분들이 경험했을 것입니다. 하나님은 우리에게 떡 대신 돌을 주는 것이 더 좋기 때문에 돌을 주십니다. 그런데 우리는 그 돌이 얼마나 가치 있는 것인지 몰라서 무겁다고 형편없는 것이라고 투정하거나 원망합니다. 금이 들어 있는 돌이거나 가치 있는 운석인 줄도 모르고 말이지요.

　기도와 염려의 함수관계는 반비례입니다. 기도를 하면 할수록 염려는 줄어듭니다. 기도를 하지 않으면 하지 않을수록 염려는 늘어납니다. 기도하십시오. 잠자리에서 잠들기 전에 그리고 일어나자마자 기도하십시오(시편 6:5, 63:6, 149:5 등). 때로는 히스기야 왕처럼 통곡하면서 기도하십시오. 그러면 히스기야처럼 15년을 더 사는 놀라운 경험을 할 수도 있으니까요. 하나님은 변심(?)하는 실수(?)를 범하시면서까지 기도의 능력을 보여주십니다(열왕기하 20장/이사야 38장).

기도한 대로 응답하시지 않는 예가 있나요?

Q 하나님께 기도할 때 기도의 응답은 네 가지, 즉 1)예 2)아니요 3)다른 것으로 4)연기로 알고 있습니다. 기도한 대로 응답하지 않은 대표적 예를 알고 싶습니다.

A 그렇습니다. 우리는 대개 1)만 응답이라고 믿는 경향이 있습니다. 지금 당장 내가 원하는 대로 이루어져야만 하나님께서 응답하신 것으로 믿습니다. 성경 속에서 하나님이 어떻게 응답하셨는지 몇 가지 대표적인 예를 생각해보겠습니다. 다음에 나오는 예들은 모두 하나님이 '아니요'라고 하신 경우입니다. 기도한 대로 이루어지지 않았다는 것입니다.

가나안으로 들어가기를 기도한 모세(신명기 3:23~25)
모세는 가나안 땅으로 들어가기를 간절히 원하고 간구했습니다. 하지만 하나님의 응답은 '아니요'였습니다. 하나님은 모세가 가나안에 들어가는 것을 허락하지 않으셨습니다(신명기 3:26~28, 34:4). 모세는 그렇게 원하고 바라던 가나안으로 들어갈 수 없었지만 불평하거나 항의하지 않았습니다. 애굽에서 나와 40년간 광야를 돌아다녔으니 얼마나 가나안 땅에 들어가고 싶었을까요?

하나님이 모세의 기도와 간구를 허락하지 않은 이유는 두 가지입니다.

첫째, 하나님의 명령을 거역했다(민수기 20:8~11).

모세는 하나님이 반석에게 명령하여 물을 내라고 했지만, 실제로는 손을 들고 바위를 지팡이로 두 번 쳐서 하나님의 명령을 거역하였습니다. 모세는 하나님을 무시하고 자신이 기적을 행하는 것과 같은 교만한 행위를 한 것입니다.

둘째, 새 포도주는 새 부대에 넣어야 한다(마태복음 9:17 / 마가복음 2:22 / 누가복음 5:38).

모세는 눈이 살아 있고 기력이 있었습니다(신명기 34:7). 애굽에서 탈출한 백성을 이끌고 가나안에 들어갈 수 있는 능력과 지도력이 있었습니다. 그러나 하나님은 모세가 가나안에서 이방 민족과 투쟁하고 땅을 점령하고 지파에게 분배하는 지도자로는 적당하지 않다고 보았을지도 모릅니다.

오래된 술을 새 부대에 넣으면 터집니다. 하나님은 가나안 정복 때 이스라엘을 이끌어 갈 여호수아라는 새 부대(인물)를 준비하고 계셨습니다. 여호수아는 40년간 모세에게 훈련을 잘 받은 차세대 후계자였습니다. 그는 성령이 충만하고(민수기 27:18) 담대하여(민수기

14:6-9) 믿음이 확고한 사람이었으니까요(여호수아 6:16). 그는 강력한 지도력을 지닌 신뢰받는 지도자였습니다(여호수아 1:16~18/사사기 2:7).

결국 그는 가나안 전쟁을 승리로 이끌었고, 12지파에게 땅을 공평하게 분배했으며, 자신은 겸손하게 아주 작은 땅을 얻었습니다(여호수아 19:50). 하나님이 보시기에 여호수아가 여러모로 가나안땅에 입성해서 백성들을 지도하기에 적합한 사람으로 인정한 것이 아닐까 생각합니다. 하나님이 하시는 일을 우리 인간은 애써도 알지 못합니다(전도서 8:17, 11:5).

우리는 살면서 물러날 때를 모르고 버티다가 결국 창피를 당하거나 패가망신하는 경우를 봅니다. 자신의 분수와 위치를 알고 후배에게 자리를 넘겨주는 지혜가 아쉽습니다. 석양도 너무 오랫동안 지속되면 아름답지 못한 법입니다. 자신을 다 태우다가 붉은빛을 비추며 아쉬움을 보일 때 더욱 아름다움을 느끼게 됩니다.

죽기를 기도한 엘리야(열왕기상 19:4)

엘리야는 갈멜산에서 바알의 선지자들과 대결했습니다. 혈혈단신으로 850 대 1로 싸워서 대승을 거둡니다(열왕기상 18장). 그 후 엘리야는 아합의 왕비 이세벨의 기세에 눌려서 삼십육계 줄행랑을 놓았습니다. 그는 유대의 최남단인 브엘세바까지 도망가서 로뎀나무 아래서 하나님께 죽여달라고 간절히 기도합니다.

제가 하나님이라면 "예끼, 이놈아! 믿음이 그렇게 없니? 너처럼 용기 없고 자격이 없는 놈 대신 차라리 다른 사람을 사용하마" 하며 엘리야를 하늘로 데려갔을 것입니다. 그러나 하나님은 그렇게 하시지 않았습니다. 갈멜산에서 응답하셨던 신실하신 하나님이 왜 응답하시지 않았나요?

엘리야가 할 일이 남아 있었기 때문입니다. 그는 후계자인 엘리사를 훈련하고 양성해야 했고 아람(수리아) 왕으로 하사엘을, 이스라엘 왕으로 예후를 임명해야 했으니까요(열왕기상 19:15~16). 그리고 나중에는 죽지 않고 하늘로 올라간 두 번째(첫째는 에녹) 인물이 되어야 했으니까요. 그래서 하나님은 엘리야의 기도에 따르지 않고 다르게 응답하셨던 것입니다.

죽여달라고 기도한 요나(요나 4:3)

북이스라엘의 선지자였던 요나는 적대국 중 최강자로 일컬어지는 앗수르를 구원하라는 하나님의 명령에 불만이 있었습니다. 북이스라엘 백성은 선민의식에 빠져 앗수르의 수도(首都)인 니느웨에 구원의 소식을 전하라는 하나님의 명령에 불순종했습니다. 요나는 니느웨성과는 정반대편인 다시스로 도망가서 배를 탔다가 바다에 던져지고, 큰 물고기의 배 속에 잡혀 있다가 3일 만에 극적으로 나오게 됩니다.

그 후 요나는 니느웨성에서 하나님의 심판을 선포했고, 왕을 비롯한 온 백성이 회개하게 됩니다. 그러나 요나는 이렇게 이방 사람들을 심판하지 않고 심판을 유보해 구원의 기회를 주신 하나님을 원망하고 죽여달라고 기도합니다. 하지만 하나님은 박넝쿨의 교훈을 통해 하나님의 사랑을 깨닫게 해줍니다.

하나님은 죽여달라는 요나의 기도에 응답하시지 않았습니다. 왜 그랬을까요? 이방인에 대해 무조건적인 배타 의식과 경멸 의식을 가지고 있던 요나를 책망하기 위해서였습니다. 하나님은 유대 민족뿐 아니라 모든 이방 민족을 사랑하는 분이십니다. 심지어 말도 못하고 생각지 못하는 미물인 짐승에게도 사랑하는 하나님을 알게 하시려는 목적이 있습니다(요나 4:11).

한 가지 더 생각해볼 것은, 그 당시 북이스라엘 왕은 여로보암 2세로 다윗과 솔로몬 이후 가장 강력한 정치력을 갖추고 경제적인 안정을 누리던 시기였습니다. 하지만 앗수르는 신흥 국가인 아라랏과의 장기전으로 국력 손실을 입은 상태였습니다. 게다가 큰 전염병이 돌아 많은 사람이 죽었고, 완전 일식으로 온 땅이 칠흑 같은 어둠에 사로잡혀 민심이 흉흉했습니다. 그러니 요나가 심판의 메시지를 선포하기에 좋은 상황이었습니다. 하나님이 이런 시기를 놓치실 리 만무합니다. 결국 니느웨성은 회개하고 구원을 받았지요.

하나님이 우리의 기도대로 응답하시지 않는 데는 우리가 모르는 어떤 이유가 있습니다. 기도대로 응답하시지 않는다고 속상해하고 괴로워하지 마십시오. 우리가 모르는 이유가 반드시 있으니까요. 먼 훗날 신앙적으로 성숙해지고 철이 들면 알게 될 것입니다.

바울의 기도를 세 번이나 거절하신 하나님 (고린도후서 12:1~10)

바울에게는 결정적인 약점과 결점이 있었는데, 바로 육체의 가시였습니다. 이 가시가 무엇인지는 확실하지 않지만, 간질병(뇌전증)이나 안질(眼疾)일 것으로 추측합니다. 바울의 전도 여행에서는 이 가시가 따라다니며 괴롭히고 어렵게 했습니다. 오죽하면 의사 누가가 줄곧 따라다녔을까요. 바울의 시력이 좋지 않아 다른 사람이 편지를 대필하기도 했습니다. 게다가 간질 증세를 보였다면 엄청난 비난과 모욕을 받았을 것입니다. 그런 병을 사탄이 주는 몹쓸 병으로 알던 시대니까요.

그런 바울이 삼층천에 올라갔습니다. 그곳에 올라가서 사람으로서는 말할 수도 없는 말을 들었고 보았습니다(환상과 계시를 받음). 엄청난 사건입니다. 바울 외에는 이렇게 삼층천에 올라간 사람이 전무후무하다고 해도 과언이 아닙니다. 이로써 바울은 교만에 빠질 위험에 처하게 됩니다. 그런데 하나님은 바울이 교만해지지 못하도록 육체의 가시인 질병을 제거해주지 않으셨습니다. 한두 번도 아니고 세 번이나 기도했지만 하나님은 끝내 이루어주지 않으셨습니다. 도리어 "내 은혜가 네게 족하다. 왜냐하면 능력이 약한 데서 온전해지기 때문이다" 하고 말씀하셨고, 바울은 이에 순종했습니다.

대표 기도를 할 때 주의할 점이 무엇인가요?

Q 지난주 수요기도회에 집사님이 기도하는데 개인의 의견과 생각을 지나치게 표현해서 듣기에 매우 거북했습니다. 심지어 기도가 끝날 때 '아멘'이라는 말도 나오지 않았습니다. 대표 기도를 할 때 주의할 점에 대해 알려주시길 바랍니다.

A 대표로 기도를 인도할 때 생각해보아야 할 것들이 있습니다.

첫째, 기도를 듣는 분은 사람이 아니라 하나님이다.

사람이 듣는다고 생각해서 각종 미사여구나 외래어를 남발하는 경우를 보는데, 이는 바람직하지 않습니다. 예배에 참석한 예배자들이 이해할 수 있는 수준의 언어를 사용해야 합니다. 하나님의 뜻에 맞는 기도를 해야 하고, 회중의 주된 관심사와 애로점과 문제점을 기도합니다.

둘째, 집에서 기도 연습을 한다.

대표로 기도를 인도할 때는 미리 집에서 기도 연습을 하는 것이 바람직합니다. 가끔 보면 교회에 나와서 대표 기도문을 작성하는 것을 봅니다. 그러다 보니 시간이 부족해 당황하거나 횡설수설하는 경우가 있습니다. 이렇게 되면 종이에 기도문을 작성하는 의미가 퇴색할 수 있습니다.

셋째, 즉석기도를 할 경우 기도 제목을 종이에 적는다.

흔히 기도하는 방법에는 ACTS(사도행전의 영어표기)가 있습니다. A(adoration)로서 하나님을 찬양하고, C(confession)로 하나님께 죄를 고백하고. T(thanksgiving)로 하나님께 감사하고, 마지막으로 S(supplication)로 하나님께 간구하고 의뢰하는 것이 기도의 기본적 방법입니다. 하나님을 찬양하고, 죄를 고백하고, 감사하며, 마지막으로 하나님께 간구하는 것입니다. 하나님께 간구하고 기도할 내용의 소제목을 종이에 기록하고 기도하면 빠뜨리지 않고 기도할 수 있습니다.

넷째, 기도의 길이는 5분 이내여야 한다.

대표로 기도할 때는 너무 짧아도 길어도 좋지 않습니다. 3~5분이면 적당합니다. 11포인트로 A4 용지 1장을 작성하면 됩니다.

다섯째, 횡설수설하거나 중언부언하지 않는다.

즉석기도를 할 때 보면 한 말을 또 하고 또 하는 것을 흔히 봅니다. 군더더기도 적지 않습니다. 그래서 즉석기도를 할 때는 특히 기도 내용이 부실하다고 느낄 때가 많습니다. 또한 사용하지 않아야 할 용어를 반복적으로 사용하기도 합니다. '성전', '전', '제단' 등이 대표적입니다. 기도를 듣고 응답하는 주체는 하나님이시지만 신자들도 예배자로 동참해 함께 기도하고 있다는 점을 잊고 있는 것입니다.

기도 문장도 긴 것은 좋지 않습니다. 마치 소설책을 쓰듯 한 문장을 길게 쓰는 이들이 있습니다. '~하고', '~하며'를 길게 연결해서 기도하는 것이지요. 그러면 무엇을 말하는지 이해하기 어렵습니다. 지금도 그렇지만 예전에는 중문이나 복문을 많이 배운 사람들이 사용한다고 인식하던 시절이 있었습니다. 가능하면 기도는 단문으로 하는 것이 좋습니다. 말이나 글을 짧게 쓰면 힘이 있고 전달력도 높아집니다.

여섯째, 성경 말씀을 인용하지 않는 것이 좋다.

성경 말씀은 하나님이 우리에게 주신 것이지 사람이 하나님께 드리는 것이 아닙니다. 그런 식으로 기도하면 사람이 하나님을 가르치거나 훈계 또는 지시 사항이 될 수 있다는 것입니다. 바리새인들이 그런 외식적인 기도, 즉 사람들이 들으라고 따로 서서 기도를 해서 예수님께 책망을 받았습니다(누가복음 18:11~12). 성경구절을 암송하거나 인용하며 사람들에게 들으라고 기도하지 마시기 바랍니다. 물론 필요한 경우가 있지만 되도록 피하는 것이 좋습니다. 자신의 성경 지식과 암송 능력을 드러내거나 자랑하기 위해서가 아닌가요?

일곱째, 하나님의 뜻에 맞게 기도를 인도해야 한다.
기도자 본인을 위한 기도를 해서는 곤란합니다. 개교회(지역교회)와 한국 교회, 더 나아가 한국과 북한과 세계가 처한 어려움이나 문제점, 간구할 점을 잘 정리해서 기도해야 합니다. 이를테면 하계 수련회, 공동의회, 코로나19, 공정한 선거 등 회중의 생각과 소원을 잘 정리해 하나님의 뜻에 맞게 기도해야 합니다.

마지막으로 진지하게 생각해볼 것이 있습니다.
첫째, 담임목사를 위한 기도 인도를 반드시 해야 할까요?
특히 설교자를 위한 기도는 빠지지 않습니다. 목사만이 그 교회를 움직이는 중심인물인가요? 어떤 목사는 목사를 위한 기도를 마지막에 한다고 불만을 표합니다. 왜 시작할 때나 중간에 하지 않고 나중에 하느냐고 말이지요. 그렇다면 예수님의 이름으로 맨 마지막에 기도하는 것은 어떻게 평가할지 궁금합니다. 목사를 위한 기도는 해도 그만 하지 않아도 그만이고, 기도 마지막에 해도 아무 문제가 없습니다.

둘째, 찬양대를 위한 기도가 꼭 필요한가요?

주방 관리자, 주일학교 교사, 주차관리자, 방송 관리자 등을 위해 기도하는 경우는 거의 없는데, 찬양대만 귀한 사역일까요? 성경은 그렇게 말하지 않습니다. 모든 사역이 소중하고 귀합니다(고린도전서 12:12~31). 어떤 사역이든 직분이든 모두 교회의 공동 유익과 생활을 위해 반드시 필요합니다. 차라리 특정 개인이나 직분을 위한 기도는 하지 않는 것이 어떨까요?

08
도고기도의 장점은 무엇이고, 주의해야 할 점이 있을까요?

Q 교회에서는 다른 사람을 위한 도고기도를 하라고 하는데, 이유는 알려주지 않습니다. 그런데 도고기도를 하면 어떤 장점이 있는지 궁금합니다. 또 주의해야 할 점이 있을까요?

A 다른 사람이나 이웃(교회와 사회 포함)을 위한 기도를 '도고기도'라고 합니다. 도고기도라고 하면 아직도 낯설어하는 신자들이 많습니다. 중보기도라고 하면 되는데 왜 도고기도라고 하느냐는 신자들도 있습니다. 그 이유는 중보는 오로지 예수님만이 하실 수 있기 때문입니다(디모데전서 2:5 / 히브리서 8:6, 9:15, 12:24 등). 예수님은 지금도 하나님의 보좌 우편에 계시면서 우리의 기도를 도우시고 세상 마지막 날까지 우리를 위해 중보기도를 하십니다(로마서 8:34 / 히브리서 7:25). 그러므로 우리는 사람을 위해 기도할 때는 중보기도가 아니라 도고기도라는 용어를 사용해야 합니다(디모데전서 2:1).

참고로 도고기도를 가톨릭에서는 전구(轉求)라고 하며, 성공회에서는 대도(代禱)라고 부릅니다.

그렇다면 왜 다른 사람을 위한 도고기도를 해야 할까요? 첫째는 이웃 사랑을 실천하기 위해서, 둘째는 주님의 명령에 순종하기 위해서입니다. 도고기도는 상대방을 아끼고 사랑하는 것이지만, 또한 자신을 위한 기도가 될 수도 있습니다. 도고기도를 할 때 기도자가 부가적으로 얻는 것이 있습니다. 기도 대상자가 축복이나 평안을 받아들일 자세나 상황이 되어 있지 않으면 기도자 본인에게 되돌아온다는 것입니다. 그래서 우리는 상대를 축복하고 병이 낫고 범사에 잘되기를 기도할 수 있습니다. 특히 기도자가 자신과 가족을 위한 기복 기도를 싫어할 때 이웃을 위한 기도를 많이 하면 도움이 되는 경우가 많습니다. 도고기도를 많이 하십시오. 어쩌면 도고기도는 자신을 위한 기도가 될 수도 있을 테니까요.

성경을 봅니다. 하나님의 마음에 드는 사람으로 인정받았던 다윗 왕은 누구인지 모르지만 원수들이 병들었을 때 베 옷을 입고 음식도 먹지 않으면서 기도했습니다. 그러나 원수들이 그 기도를 받을 자세가 되어 있지 않아 도리어 다윗의 건강이 더 좋아지거나 어떤 좋은 일이 일어났다고 고백합니다.

> 나는 그들이 병들었을 때에 굵은 베 옷을 입으며 금식하여 내 영혼을 괴롭게 하였더니 내 기도가 내 품으로 돌아왔도다
>
> _ 시편 35:13

이런 경우는 『신약』에도 나옵니다. 예수님도 제자들에게 전도를 가면서 어떤 집에 들어가면 평안과 복음을 전하라고 합니다. 그리고 만약 이 간구나 축복이 방문하는 집에 합당하지 않으면 도리어 제자들에게 돌아온다고 말씀하십니다. 마찬가지로 우리도 다른 사람을 위해 기도하는데 그 기도가 그에게 합당하지 않으면 나에게 돌아올 수 있다는 것을 기억해야 합니다. 따라서 다른 사람들의 행복과 평안을 위해 기도하기를 망설이거나 주저하지 않아야 합니다.

> 그 집이 이에 합당하면 너희 빈 평안이 거기 임할 것이요 만일 합당하지 아니하면 그 평안이 너희에게 돌아올 것이니라
>
> _ 마태복음 10:13

반대로 기도자가 상대방에게 저주 기도를 하면 어떻게 될까요? 성경은 저주하지 말고 도리어 복을 빌고 하나님께 맡기라고 합니다(누가복음 6:28 / 로마서 12:14). 그렇습니다. 가장 올바른 기도 방법과 자세는 원수의 복을 비는 것입니다(마태복음 5:39 / 로마서 12:17, 12:20 / 고린도전서 4:12 / 데살로니가전서 5:15 / 베드로전서 3:9 등).

하지만 때로는 나에게 몹쓸 짓이나 나쁜 짓을 한 상대방을 용서하지 못하고 저주하는 일도 있습니다(시편 73편, 109편 등). 어떻게 하면 좋을까요? 저주하지 말되, 도저히 인내하지 못해 상대방을 저주했다면 기도 마지막에 반드시 이렇게 기도하십시오.

"하나님 아버지, 제가 김oo를 저주했습니다. 너무 억울하고 화가 나서 그렇게 못된 기도를 했습니다. 다만 제 뜻대로 마시고 하나님의 뜻대로 이루어주시옵소서. 예수님의 이름으로 기도합니다. 아멘!"

도고기도를 하다 보면 어떤 사람이 불쑥 떠오를 때가 있습니다. 그러면 그를 위해서 내가 아는 상황과 형편에 따라 기도하면 됩니다. 필요하다면 기도 후에 그와 통화를 하거나 문자를 보내는 것도 좋습니다. 저도 가끔 그런 경우가 있고, 다른 목사님들이 제 생각이 나서 기도했다는 말도 자주 듣습니다.

다만 한 가지 주의할 것이 있습니다. 도고기도를 하다가 갑자기 기도 대상자에게 어떤 마음이 든다거나 어떤 말을 해주고 싶다는 생각이 들 때가 있습니다. 이것은 주로 신사도운동에서 주장하는 것으로 피해야 합니다. 결국 이런 것이 일종의 예언이나 대언으로 이어지는 것을 볼 수 있으니까요.

방언 기도를 못하면 구원이 없나요?

Q 우리 교회에서는 방언을 무척 강조합니다. 주일 예배에서 통성 기도를 할 때도 방언을 하라고 합니다. 방언을 하지 못하는 신자는 주눅이 듭니다. 사석에서 목사님이 "방언을 못하면 구원도 없다"는 식으로 말씀하십니다. 정말로 방언을 못하면 구원을 받을 수 없나요? 게다가 권사님과 다른 집사님들이 마치 다른 교회는 다 썩었고 구원이 없는 것처럼 이야기합니다. 마음이 괴롭고 혼란스럽습니다.

A 그런 발언을 서슴지 않고 하는 교회가 아직도 있군요. 40~50년 전에 듣던 말을 지금도 들을 수 있다니, 교회는 여간해서 변화하지 않는다는 것을 새삼 느낍니다. 방언을 강조하는 교단은 순복음교회와 성결교회가 가장 많습니다. 장로교와 침례교는 대개 말씀을 강조하고, 방언 같은 성령의 은사를 강조하지 않고 성령의 열매를 강조하니까요(갈라디아서 5:22~23).

방언은 하나님이 주신 은사(선물)입니다. 방언을 주시는 이유는 하나님이 하신 큰일을 듣게 하기 위해서(사도행전 2:11), 개인 신앙의 유익과 성장을 위해서입니다(고린도전서 14:4). 방언은 크게 두 가지, 알아들을 수 있는 방언(사도행전 2:4~11)과 알아들을 수 없는 방언(고린도전서 12:10, 14:2~23)이 있습니다(고린도전서 14:5, 13~19). 대체적으로 우리가 알아들을 수 있는 언어로 말하는 것은 초대교회에만 있었던 것으로 봅니다. 현재는 통역자가 없으면 알아들을 수 없는 방언이 거의 대부분입니다. 그나마 제대로(?) 된 통역자는 거의 없거나 찾기 힘듭니다.

성령이 충만하거나 회심한 신자들에게도 방언 현상이 모두 나타나지는 않았습니다(사도행전 8:35~38, 9:3~18, 16:14~15 등). 따라서 모든 신자들이 방언을 할 수도 없고 할 필요도 없습니다(고린도전서 12:30). 그런데도 방언을 무슨 대단하거나 특별한 은사로 간주해 방언을 하지 못하는 신자는 3류 신자거나 구원을 받지 못하는 것처럼 주장하는 목회자가 있는데, 동의하기 매우 어렵습니다. 방언을 못한다고 3류 신자는 아닙니다. 방언을 해도 다른 사람들이 알아듣게 통역을 하지 못하면 개인에게도 교회에도 별 유익이 없습니다(고린도전서 14:5~13). 방언 같은 성령의 은사는 교회의 공동 유익을 위한 것이 되어야 합니다(고린도전서 12:7) 게다가 사도 바울은 깨달은 지식(마음)으로 다섯 마디 말을 하는 것이 일만 마디 방언(이해 못하는 외국어)을 말하는 것보다 월등하다고 합니다(고린도전서 14:19).

방언으로 기도하면 내 영이 성령님과 교통하므로 시원하거나 맑

아지는 느낌은 있습니다. 하지만 내 이성과 지성(개역개정 번역은 마음)은 알아듣지 못하므로 마음이 답답합니다. 더욱이 열매가 없으므로 우리가 사용하는 언어인 한국말로도 기도를 해야 합니다(고린도전서 14:14~16). 방언을 하는 신자는 내 마음을 위하여 한국말로 기도하고, 내 영을 위하여 방언으로 기도하면 됩니다. 다른 사람들에게 자랑을 하거나 들으라고 하는 방언 기도는 피하십시오. 크게 방언 기도를 하고 싶다면 혼자 골방에서 하기를 바랍니다.

우리가 구원을 받는 것은 예수님이 우리의 죄를 대속하여 죽으시고 부활하셨기 때문입니다(로마서 10:9~10). 방언을 하지 못한다고 해서 구원을 받지 못한다는 것은 매우 큰 잘못이요 오판입니다. 그것은 대단히 위험한 이단성 발언입니다. 만약 방언이 구원의 조건이라면 방언을 하는 불교인, 무슬림, 무당도 구원을 받을 수 있다는 이단성 발언이 되니까요. 게다가 방언은 기독교에만 있는 독특한 현상이 아닙니다. 사탄도 방언을 하고 병도 고칠 수 있습니다.

방언 같은 성령의 은사를 유달리 강조하는 교회에서는 자기 교회에만 구원이 있고 다른 교회에는 구원이 없다는 이상한 말을 하기도 합니다. 특히 다른 교회에 관심을 가지거나 다른 교회의 어느 목사가 설교를 잘한다고 하면 시샘하고 질투하는 신자들이 그런 말을 하는 경우가 있습니다. 무시하십시오. 유난히 개신교는 개교회를 주장하는 개교회주의로 빠지기 쉬운 환경에 놓여 있습니다. 자칫하다가는 내 교회만이 최고이고 다른 교회는 잘못되었다는 우월감과 교만에 빠지기 쉽습니다. 이단과 사이비가 주로 이런 주장을 하는데, 정통교회라고 말하는 교회도 이런 잘못된 주장을 하는 경우가 간혹 있습니다.

다른 교회들이 모두 썩었다고 일률적으로 말하기는 매우 어렵습니다. 현재 한국 교회가 과거보다는 윤리적으로 타락한 것이 사실입니다. 그러나 더 중요한 것은 교리적 타락입니다. 중세의 가톨릭 교회가 타락한 주된 이유가 교리의 타락과 왜곡이었습니다. 그 교회에서 주장하는 말은 다소 음해성 내지 과장이 심한 발언이므로 설득력이 없습니다. 만약 그 말이 사실이라면 한국에 있는 모든 목사가 타락해서 사탄의 종이 됩니다. 또 그런 교회에서 신앙생활을 하는 신자들도 지옥에 간다는 말이 될 수 있지요.

우리가 반드시 기억해야 할 사실은 교회는 완전한 사람들이 모이는 집합체가 아니라는 것입니다. 도리어 교회는 불완전한 사람들이 모여서 지지고 볶으면서 지내는 공동체입니다. 그런데도 매일 자신을 죽여가며 예수님을 닮아가려고 노력하는 사람들이 모인 곳이 또한 교회입니다. 목회자들도 마찬가지입니다. 비록 일부 소수 목사가 못된 짓을 하기도 하지만, 대부분의 목회자들은 자신을 쳐서 복종시키며 살아가려고 노력하는 분들입니다.

지금 섬기는 교회는 건강하고 건전한 공동체로 보이지 않습니다. 건강하고 올바른 말씀과 교리, 건전한 성령의 역사가 조화를 이루는 교회로 옮기는 것을 고려해보십시오. 우리가 명심해야 할 것은 온갖 기이하고 희귀하고 기적 같은 성령의 은사가 교회 안에서 발생해도 의미가 없다는 것입니다. 지금 이단 교주라고 일컫는 대부분의 교주들이 과거에 엄청난 기적과 이적을 보여준 사람들이었다는 것을 잊지 마십시오. 잘못된 신학과 신앙을 올바르게 회복하려면 몇 배의 노력과 시간이 필요합니다.

⑩ 서원기도를 하면 꼭 지켜야 하나요?

Q 저는 매번 서원에 얽매여왔습니다. 저는 작은 것조차 서원하지 않겠다고 스스로 다짐하며 살았습니다. 회개 기도를 드려도 그때뿐이지 또 다른 서원을 한 것 같은 느낌에 계속 두렵고 불안해집니다. 뮤지컬 배우가 되고 싶었는데 '불상에 절하는 장면 같은 게 있으면 어떡하지?' 하는 생각이 들어 하나님께 우상숭배를 하지 않겠노라고 약속한 것 같습니다. 이런 것도 서원인가요?

A 서원은 한자로는 맹세할 '서(誓)'와 원할 '원(願)' 자를 쓰며, 영어로는 바우(vow)입니다. 사전적 의미는 하나님께 어떤 선행을 하거나 헌물을 바치겠다고 맹세하는 것입니다. 서원을 지키는 것도 좋은 신앙입니다. 서원은 지킬 수 있다면 지키는 것이 좋습니다(민수기 30:2 / 신명기 23:23). 그러나 지킬 수 없는 환경과 여진이 되면 지킬 필요가 없다는 것이 성경의 가르침입니다.

예를 들어 어렸을 때 딸들은 대개 커서 아빠와 결혼하겠다고 약속을 하고 손도장도 꾹 찍습니다. 하지만 크고 나서 그 약속을 이행하는 딸은 이 세상에 없습니다. 물론 왜 약속을 지키지 않느냐고 따지거나 징계하는 아빠도 없습니다. 왜 그럴까요? 말도 안 되는 약속을 했기 때문입니다. 아빠와 결혼하는 딸은 없으니까요. 따라서 그 약속은 애초부터 무효입니다.

결혼 전에 하나님께 한 서원은 아버지가 허락하지 않으면 무효가 되고(민수기 30:5), 서원을 지키지 못하면 속죄제를 하면 됩니다(레위기 5:4~6). 지금은 제사가 없어졌으니 교회에 '서원 불이행' 헌금을 하거나 어떤 선행을 하는 것도 한 가지 방법이 될 수 있습니다.

서원기도 때문에 고민하는 분들이 있다면 자유로워지기를 바랍니다. 서원을 지키는 것도 훌륭하지만 지키지 않는다고 해서 죄가 되는 것은 아닙니다. 성경을 잘못 읽고 해석하면 독이 될 수도 있습니다. 바울도 서원한 사람들의 결례 비용을 대신 내준 일이 있습니다(사도행전 21:23~26). 장 칼뱅 같은 신학자는 바울의 이런 행동을 비판합니다. 『구약』의 제사나 제물 같은 의식법(ritual or ceremonial offering) 행위는 이미 예수님의 십자가로 종료되었기 때문입니다(로마서 6:14 / 히브리서 8:9, 10:18).

우리 주변에도 서원기도 때문에 평생 족쇄에서 풀려 나오지 못하고 속박 속에서 예수님이 주신 자유를 누리지 못하며 사는 신자들이 있습니다. 중학생 때 목사가 되겠다고 서원해서 할 수 없이 신학교에 들어온 사람도 있습니다. 그렇게 하지 않으면 하나님께 매를 맞을까 봐 두렵다고 합니다. 이것은 하나님을 무자비한 조폭이나 무서운 하등신(下等神)으로 만드는 것입니다.

엄마가 아들을 신학교에 보내 목사를 시키겠다고 서원했기 때문에 신학교에 왔다고 고백하는 사람도 보았습니다. 신약시대를 살아가는 우리들은 서원을 반드시 지킬 필요가 없습니다. 그렇다고 서원을 준수하는 것이 잘못이라는 말도 아닙니다. 지킬 수 있다면 지키는 것이 바람직하지만, 새 언약 시대를 살고 있는 우리는 율법적으로 지키지 말아야 합니다. 약속을 지키지 않는다고 징계하거나 매를 드는 무자비한 하나님이 아니시기 때문입니다.

> 수고하고 무거운 짐 진 자들아 다 내게로 오라 내가 너희를 쉬게 하리라
>
> _ 마태복음 11:28

> 그러나 그의 아버지가 그것을 듣는 날에 허락하지 아니하면 그의 서원과 결심한 서약을 이루지 못할 것이니 그의 아버지가 허락하지 아니하였은즉 여호와께서 사하시리라
>
> _ 민수기 30:5

⑪ 정직한 기도는 어떻게 하나요?

Q 교회에서 하나님께 정직한 기도를 드려야 응답을 받는다고 합니다. 어떤 기도를 해야 정직한 기도가 되는지, 혹시 적절한 예가 있으면 알려주시길 바랍니다.

A 우리가 기도하는 모습을 보면 솔직하고 정직하게 기도하는 모습을 보기는 쉽지 않은 것 같습니다. 회중을 대표하는 장로님의 기도가 다소 가식적이고 형식적인 측면이 있다는 것을 이해합니다. 예를 들어 "사랑과 긍휼이 충만하신 하나님", "온 만물을 창조하시고 인간의 생사화복을 주장하시는 하나님", "우리를 사랑하셔서 독생자를 보내주시고 구원해주신 하나님 아버지" 같은 경우입니다. 이런 기도를 회중과 공중 앞에서 할 때는 이해할 수 있습니다. 그러나 하나님과 나만 있을 때도 회중 앞에서처럼 근엄하고 거룩하게 기도한다면 그것은 정직한 기도라고 할 수 없습니다.

다음 두 기도자의 모습을 보면서 정직한 기도가 무엇인지 생각해 보겠습니다.

첫째, 성 아우구스티누스(Aurelius Augustinus)의 『고백록』에 나오는 기도입니다.

아우구스티누스(주후 354~430)는 하나님과의 관계에서 숨김이 없는 사람이었습니다. 그는 하나님을 인격적으로 느끼고 교제한 사람입니다. 그럼에도 그는 남자였습니다. 대부분의 남자들, 특히 청소년기에 올라오는 여자에 대한 갈망은 정말 참기가 어려운 게 사실입니다. 아우구스티누스도 수도 생활을 하면서 솟구쳐 오르는 성욕으로 인해 고민을 많이 했습니다. 그는 어떤 아름다운 여자를 보고 참을 수 없어 이렇게 기도했다고 합니다.

"오! 주님, 제 안에 성적 욕망이 불일듯 올라옵니다. 이 불을 꺼뜨려주옵소서."

그런데 이 기도가 이렇게 끝난 것이 아니라 다음과 같은 기도문이 괄호로 이어져 독자에게 어떤 생각과 느낌과 감동을 줍니다(웃음).

"(그런데 지금은 아니옵니다.)"

도대체 어쩌자는 것인지 알 수 없습니다. 아마도 아우구스티누스는 그녀와의 성관계를 연상하거나 아니면 자위라도 시도하려고 한 게 아닌지 의심스럽습니다.

우리가 여기서 배울 수 있는 점은 아우구스티누스가 이렇게 정직하고 솔직한 기도를 했다는 것입니다. 그렇다면 우리도 아우구스티누스와 같은 기도를 하고 있나요? 이 질문에 그렇다고 답하기는 어려울 것 같습니다. 그만큼 정직한 기도는 어렵습니다. 그래서 정직한 기도를 하지 못하면 차라리 우는 것이 낫습니다.

둘째, 오리게네스(Origenes)라는 걸출한 교부입니다.
오리게네스(주후 185~254)는 이단성이 있다고 판명되었지만 고대 교회에서 중요한 신학자였으며, 매우 거룩한 삶을 살려고 노력했던 사람입니다. 그런데 남자였던 그도 자신을 따르던 여제자에게 성적인 감정을 느꼈나 봅니다. 오리게네스는 여제자와의 성적인 욕망과 환상이 떠오를 때마다 금식기도를 하고 명상과 수련으로 극복하려 했지만 그것은 매우 어려웠습니다.

할 수 없이 그는 극단적 방법을 선택했습니다. 자신의 성기를 제거하는 모험을 감행한 것입니다. 그 후 상처가 아물고 고통도 많이 사라진 뒤, 그는 다시 여제자를 만났습니다. 그런데 이게 웬일입니까? 다시 성욕이 올라온 겁니다.

그러자 오리게네스는 후회하는 기도를 했다고 합니다.

"오, 주님! 성기를 제거해도 성욕이 올라오니 어찌하면 좋을까요?"

오리게네스가 정직한 기도를 한 것은 사실입니다. 하지만 자신의 성기를 제거하기 전에 먼저 하나님께 정직한 기도를 드렸다면 어땠을까요?

"오, 하나님! 또 성욕이 올라옵니다. 도저히 참을 수 없습니다. 하나님, 차라리 자위라도 한 번 하렵니다. 용서해주십시오."

이렇게 정직하게 고백하는 기도를 드리는 것이 더 낫지 않았을까요? 그러나 그는 거세라는 극단적 방법을 택했습니다. 차라리 아우구스티누스처럼 "그런데 지금은 아니옵니다" 하고 정직한 기도를 하는 게 더 좋지 않았을까요?

우리는 마음에 상처와 고통과 슬픔이 있을 때, 어려운 과제나 난제가 닥칠 때 정직하게 십자가 밑에서 고백해야 합니다. 이것이 올바른 기독교인의 기도 자세라고 생각합니다. 속이거나 슬쩍 넘어가려고 하지 마십시오. 아니면 '하나님이 다 아시겠지' 하고 생각지 말기를 바랍니다. 시편의 많은 부분을 차지하고 있는 다윗의 기도문이나 시들을 보면 얼마나 솔직하고 정직하게 하나님께 고백했는지 알 수 있습니다.

하나님은 우리의 마음을 꿰뚫어보고 계십니다. 그리고 나의 아픔, 괴로움, 슬픔, 상처를 함께 나누고 싶어 하십니다. 주님은 세상 끝날까지 우리와 함께하신다고 약속하셨습니다. 하나님께 정직하게 고백하길 바랍니다. 정직하게 기도하는 습관을 들이십시오. 그렇다고 타인이나 회중 앞에서 간음, 강도질 등에 대해 너무 정직한 기도를 하면 나중에 심각한 문제가 생길 수 있다는 것은 기억해둘 필요가 있습니다.

> 악인의 제사는 여호와께서 미워하셔도 정직한 자의 기도는 그가 기뻐하시느니라
>
> _ 잠언 15:8

12

죽은 유아를 위한 기도가 죄인가요?

Q 얼마 전 16개월 입양아가 학대를 당해 죽는 사건이 있었습니다. 그 아이가 너무 안타까워 천국에서 주님 품에 행복하게 해달라고 기도를 해왔습니다. 그런데 "죽은 자를 위한 기도는 하는 것이 아니다. 그것은 죄이며 아이가 예수님을 믿었으면 천국에 갔을 것이고 아니면 지옥에 갔을 것이다"라는 말을 듣고 충격을 받았습니다. 이렇게 기도하는 것이 죄라면 저는 그 아이를 위해 어떤 기도를 해야 하나요?

A 저도 마음이 아픕니다. 가해자가 목회자 집안이라는 것과 아이가 죽은 이후 보여준 행동에 더 화가 납니다. 기독교인이라는 것이 부끄러워집니다. 정말 시대가 너무 악하다는 생각이 듭니다.

예수를 믿는지 여부를 고백할 수 없는 영유아의 죽음 이후의 삶에 대해 함부로 판단하는 것은 잘못입니다. 아이의 죽음에 대해서는 성경에 명확히 규정되어 있는 것이나 지침 같은 것이 없기 때문이지요. 그런데 어떤 목사님들은 예수님을 믿지 않은 영유아는 음부(지옥)에 간다고 합니다. 심지어 유산된 신자의 아이도 음부에 간다고 해서 산모에게 깊은 상처를 주고 하나님을 무서운 하나님으로 만드는 실수를 범하는 것을 자주 봅니다.

저는 신자가 낳은 아기가 죽으면 낙원에 갈 수 있다는 데 동의합니다. 불신자가 낳은 아기는 낙원에 가지 못하리라고 보지만, 좀 더 생각해봅니다. 영유아 구원에 대해서는 크게 4가지 이론이 있습니다.

1. 천주교가 주장하는 유아 림보(영세를 받지 못하고 죽은 모든 유아가 영원히 거하는 곳)로서 수용하지 않는다.
2. 모든 영유아는 구원을 받는다.
3. 모든 영유아는 구원을 받지 못한다.
4. 신자의 영유아만 구원을 받는다.

이 네 가지 주장은 모두 문제가 있지만, 성경적으로 가장 가까운 것이 2번이라고 봅니다. 신자, 불신자를 가릴 것 없이 모든 사람이 낳은 영유아는 죽더라도 구원을 받습니다. 구원받는 아이의 연령은 알 수 없습니다. 하나님만이 아시는 비밀이요 주권입니다.

다만 영유아가 죽었을 때 신자와 불신자를 가리지 않고 최소한 함부로 음부(지옥)에 간다고 말하는 실수는 범하지 말아야 합니다.

성경이 명확히 말씀하시지 않기 때문입니다. 다만 목양적인 측면에서 불신자가 낳은 영유아가 죽으면 낙원에 들어갈 수도 있고 들어가지 못할 수도 있다고 말해주는 것이 바람직합니다. 신자가 낳은 영유아는 구원을 받는다고 믿습니다.

사견으로는 불신자가 낳은 아이라도 낙원에 들어갈 수 있다고 봅니다. 굳이 음부(지옥)에 간다고 말해서 부모의 마음을 아프게 할 이유가 없으니까요. 아이의 불신자 부모에게 아이를 만나려면 낙원에 가야 하니 예수님을 믿으라고 하면(불신자 성인은 예수님을 믿지 않으면 100% 음부에 가므로) 전도의 기회도 생기지 않을까 싶습니다.

죽은 아이를 위한 기도는 할 필요가 없습니다. 낙원(천국)에 가든 음부(지옥)에 가든 이미 결정되었기 때문이지요. 이미 결정된 상황에서 기도한다고 음부에 가 있던 사람이 낙원으로 가지는 못합니다.

다만 성인 불신자로 죽은 경우 남아 있는 유족을 위로하는 차원에서 하나님께 "죽은 영혼을 불쌍히 여겨주소서"라고 기도하는 것을 나무라지는 않습니다. 이미 음부에 있지만 립서비스로 유족의 마음을 달래주는 정도라고 생각하며 큰 의미를 두지 않습니다. 그렇다고 죽은 자를 위해 기도하는 것이 죄라고 말하지는 않습니다. 저라면 잘못이라고 하지 죄라고 말하지는 않을 것입니다. 설사 죄라고 해도 회개하면 하나님은 용서해주십니다. 성경을 보면 다른 사람을 저주하는 장면도 많이 나오는데, 그런 기도를 했다고 정죄당하지는 않습니다.

그러므로 이제 그리스도 예수 안에 있는 자에게는 결코 정죄함이 없나니

_ 로마서 8:1

그리스도 예수 안에 있는 사람은 결코 정죄를 받지 않습니다. 죄 문제에서 자유로워지기를 바랍니다.

목사님 궁금합니다 2

발행일 2021년 7월 20일 초판 1쇄

지은이 김활
발행인 고영래
발행처 미래사CROSS

주소 서울시 마포구 신수로 60, 2층
전화 (02)773-5680
팩스 (02)773-5685
이메일 miraebooks@daum.net
등록 1995년 6월17일(제2016-000084호)

ISBN 978-89-7087-138-7 03230

ⓒ 김활, 2021

이 책의 저작권은 저자와 도서출판 미래사CROSS가 소유합니다.
신저작권법에 의하여 한국 내에서 보호받는 저작물이므로 무단 전재와 무단 복제를 금합니다.

＊ 가격은 뒤표지에 있습니다.
＊ 잘못 만들어진 책은 구입처에서 바꾸어 드립니다.